国家高技能人才培训基地系列教材
编 委 会

主 编：叶军峰

编 委：郑红辉　黄丹凤　苏国辉

　　　　唐保良　李娉婷　梁宇滔

　　　　汤伟文　吴丽锋　蒋　婷

国家高技能人才培训基地系列教材

餐厅服务员（高级）

CANTING FUWUYUAN

主 编 ◎ 陈衍怀

暨南大学出版社
JINAN UNIVERSITY PRESS

中国·广州

图书在版编目（CIP）数据

餐厅服务员：高级/陈衍怀主编 . —广州：暨南大学出版社，2016.12
（国家高技能人才培训基地系列教材）
ISBN 978 - 7 - 5668 - 1880 - 5

Ⅰ. ①餐…　Ⅱ. ①陈…　Ⅲ. ①饮食业—商业服务—技术培训—教材　Ⅳ. ①F719.3

中国版本图书馆 CIP 数据核字（2016）第 142253 号

餐厅服务员：高级
CANTING FUWUYUAN：GAOJI
主编：陈衍怀

出 版 人：徐义雄
责任编辑：曾鑫华　高　婷
责任校对：郭海珊
责任印制：汤慧君　周一丹

出版发行：暨南大学出版社（510630）
电　　话：总编室（8620）85221601
　　　　　营销部（8620）85225284　85228291　85228292（邮购）
传　　真：（8620）85221583（办公室）　85223774（营销部）
网　　址：http：//www.jnupress.com　http：//press.jnu.edu.cn
排　　版：广州市天河星辰文化发展部照排中心
印　　刷：深圳市新联美术印刷有限公司
开　　本：787mm × 1092mm　1/16
印　　张：8.25
字　　数：187 千
版　　次：2016 年 12 月第 1 版
印　　次：2016 年 12 月第 1 次
定　　价：22.00 元

（暨大版图书如有印装质量问题，请与出版社总编室联系调换）

总　序

　　国家高技能人才培训基地项目，是适应国家、省、市产业升级和结构调整的社会经济转型需要，抓住现代制造业、现代服务业升级和繁荣文化艺术的历史机遇，积极开展社会职业培训和技术服务的一项国家级重点培养技能型人才项目。2014 年，广州市轻工技师学院正式启动国家高技能人才培训基地建设项目，此项目以机电一体化、数控技术应用、旅游与酒店管理、美术设计与制作 4 个重点建设专业为载体，构建完善的高技能人才培训体系，形成规模化培训示范效应，提炼培训基地建设工作经验。

　　教材的编写是高技能人才培训体系建设及开展培训的重点建设内容，本系列教材共 14 本，分别如下：

　　机电类：《电工电子技术》《可编程序控制系统设计师》《可编程序控制器及应用》《传感器、触摸屏与变频器应用》。

　　制造类：《加工中心三轴及多轴加工》《数控车床及车铣复合车削中心加工》《Solid-Works 2014 基础实例教程》《注射模具设计与制造》《机床维护与保养》。

　　商贸类：《初级调酒师》《插花技艺》《客房服务员（中级）》《餐厅服务员（高级）》。

　　艺术类：《广彩瓷工艺技法》。

　　本系列教材由广州市轻工技师学院一批专业水平高、社会培训经验丰富、课程研发能力强的骨干教师负责编写，并邀请企业、行业资深培训专家，院校专家进行专业评审。本系列教材的编写秉承学院"独具匠心"的校训精神、"崇匠务实，立心求真"的办学理念，依托校企合作平台，引入企业先进培训理念，组织骨干教师深入企业实地考察、访谈和调研，多次召开研讨会，对行业高技能人才培养模式、培养目标、职业能力和课程设置进行清晰定位，根据工作任务和工作过程设计学习情境，进行教材内容的编写，实现了培训内容与企业工作任务的对接，满足高技能人才培养、培训的需求。

　　本系列教材编写过程中，得到了企业、行业、院校专家的支持和指导，在此，表示衷心的感谢！教材中如有错漏之处，恳请读者指正，以便有机会修订时能进一步完善。

广州市轻工技师学院

国家高技能人才培训基地系列教材编委会

2016 年 10 月

前　言

　　本教材注重传授知识和培养技能相结合，根据提高学生全面素质和综合职业能力的实际需要，确定教材内容，力求做到教材概念准确、表达清楚、通俗易懂。编写参考依据是国家职业资格培训系列教程（第2版），编写过程紧贴职业技能考证考核要求，突出职业资格的培训特色，教材以餐饮工作核心能力为模块进行编写。

　　本教材适用于高级餐厅服务员的职业资格培训，也是高级餐厅服务员职业技能鉴定广东省题库的参考依据。同时本教材也适用于餐饮企业对西餐服务员的知识和技能的培训。

编　者

2016 年 10 月

目 录
▶▶ CONTENTS

第一部分　理论知识

第二部分　操作技能

第一部分　理论知识

餐厅服务员从业基本素质

精讲① 道德与职业道德

一、道德

1. 道德的含义

道德是指人们应遵守的原则和标准。道德的定义可以概括为一定社会、一定阶级向人们提出的处理个人与个人、个人与社会之间各种关系的一种特殊的行为规范。

2. 维持道德的依据

道德以善恶为标准，依据社会舆论、传统文化和生活习惯判断一个人的品质。道德主要依靠人们自觉的内心信念来维持。

3. 道德作用的适用范围

法律、规章制度的作用范围是有限的，而道德则能管到法律管不到的地方。道德的作用十分宽泛，它几乎无处不在，并长期起作用。

4. 道德的核心

道德的核心是利益，主要表现在获取个人利益的时候，是否考虑他人、整体、单位和社会的利益。

5. 餐饮人员最基本的道德要求

每一个公民包括餐饮人员，在协调人际关系时，要做到不侵犯他人、整体和社会的利益，这是最基本的道德要求。

6. 道德的定位

道德不是高不可攀的学问，而是发生在人们身边，并伴随人们日常生活中的一切事情。它贯穿于每一个人的言行中，包括一个人是否履行了应尽的道德责任和道德义务，以及对社会、他人、工作、集体、家庭、金钱和物质利益的态度。

7. 道德的组成部分

人类活动具有社会性，可分为三类，即社会生活、家庭婚姻生活和职业生活，因此也就相应产生了社会道德、家庭婚姻道德和职业道德。这三种道德不可分割，共同构成社会的全部道德内容。

8. 道德与法律的不同

处理人与人交往的关系时，除道德规范外，还有法律、规章制度等。前者靠人加强道德修养，靠自觉的内心信念来维持；后者则是由国家凭借强制力量来保证实施，且作用范围是有限的。

二、职业道德

1. 职业道德的概念

职业道德是指从事一定职业的人，在工作和劳动过程中，所应遵循的与其职业活动紧密联系的道德原则和规范的总和。

2. 职业道德与社会道德体系的关系

职业道德是整个社会道德体系中的重要组成部分，在社会主义时期，它是社会主义道德准则在职业生活中的具体体现。

3. 职业道德的调节作用

职业道德不仅调节本行业与其他行业的关系，也调节行业内部人员相互之间的利益关系。

4. 职业道德对道德素质形成的作用

职业道德的覆盖面最广、影响力最大，对人的道德素质形成有决定性作用。

5. 职业道德的特点

职业道德是人们在从事职业的过程中形成的一种内在的、非强制性的约束机制。它具有广泛性、实践性、具体性的特点。

6. 职业道德和社会生活的关系

职业道德和社会生活关系最密切，关系到社会的安宁和人际关系的和谐。对社会精神文明有很大的促进作用。

7. 提高服务质量，改善服务态度的核心

提高服务质量，改善服务态度的核心是加强职业道德建设。

8. 职业道德的功能

在市场经济条件下，职业道德具有促进人们行为规范化、提高企业竞争力的作用。

9. 行业职业道德规范产生的原因

随着人类社会的进步与发展，社会分工越来越细，职业种类日益繁多，而各行各业的职业活动都有自己的客观规律，为维护不同行业的正常运转，维护行业的生存和发展，就必须有不同行业的职业道德规范。

10. 各行业共同的道德内容

在社会主义社会里，每个行业都是为人民服务的。因此，各行业共同的道德内容包括为人民服务的宗旨，社会主义道德"五爱"的基本要求，忠于职守和爱岗敬业的自我牺牲精神。

11. 服务态度、服务质量、职业道德三者的关系

提高服务质量，改善服务态度的核心是加强职业道德建设，服务态度、服务质量是职业道德的外在表现，只有具备良好的职业道德，才可能有持久、良好的服务质量。因此，搞好职业道德建设对促进社会主义精神文明具有无法替代的积极作用。

12. 职业实践对道德素质的影响

成功的职业实践对人的道德素质的塑造具有决定性的作用。

三、餐厅服务人员的职业道德

1. 餐饮服务出现的时代

餐饮服务是在人类摆脱了茹毛饮血的野蛮时代，进入用火烹饪的文明时代之后才出现的。

2. 忠于职守的要求

忠于职守就是要求把自己职责范围内的事情做好，合乎质量标准和规范要求，能够完成应承担的任务。

3. 爱岗敬业的含义

职业道德的养成要从忠于职守、爱岗敬业开始，爱岗敬业就是要把自己的心血投入到自己的职业岗位上去，把自己的职业当成生命的一部分尽职尽责地做好。

4. 服务的特点

服务作为一种活动，具有无形性、不可触摸性和转瞬即逝的不可储存性的特点。服务不是具体商品，它随着服务开始而开始，随着服务结束而消失，顾客看不见、摸不着，只能感知。

5. 开拓创新的含义

开拓创新在任何社会里都是宝贵的精神力量。开拓创新要求标新立异，即人们讲到竞争时常说的"你无我有，你有我优"。开拓创新需要人才和知识，餐饮业的品牌服务即是一种开拓创新。

6. 餐饮业的品牌服务对餐厅服务员的要求

餐饮业的品牌服务要求餐厅服务员不仅要有端庄的仪表、文雅的举止和良好的身体素质，而且更要有良好的文化修养和丰富的服务礼节知识，特别是要有高超的服务技能和对烹调知识的全面了解。

7. 餐厅服务员应了解的菜肴知识

餐厅服务员应了解餐厅提供的每道菜的烹调方法，以及主料、铺料、刀工、火候和口味的特点。此外，餐厅服务员对菜的文化典故也应有所了解，并能生动地为宾客介绍，还要懂得营养知识和菜肴的营养特点，以及适合哪类人群食用。

8. 新型人际关系的特点

职业道德的作用既包括调节个人与国家、集体、他人的利益关系，也包括调节行业和企业内部人与人之间的关系。职业道德要求以集体主义精神为指导，搞好企业内部的团结

协助、互帮互学，以此建立起人与人之间的新型关系。

9. 团结协作的表现

团结协作表现为互相支持、互相帮助，不能只图自己方便，而把困难留给他人。团结协作是一种团队精神，是集体主义观念的具体表现，是职业道德的主要内容。

10. 纪律的概念

任何社会组织都需要有规章制度，规定所属人员必须共同遵守和执行，这就是纪律。纪律和法律、政策、法规一样，是按照事物发展规律制定出来的一种约束人们行为的规范。

11. 餐厅服务员贯彻《食品卫生法》的操作规范要求

餐厅服务员贯彻《中华人民共和国食品卫生法》（以下简称《食品卫生法》），不仅要搞好环境设施等硬件卫生，而且要搞好个人卫生和执行操作规范要求。例如，用托盘上菜而不能直接用手端菜；上厕所不能穿工作服；便后必须洗手等。

12. 餐厅服务员廉洁奉公的具体要求

廉洁奉公是餐厅服务员必须具备的道德品质，其具体要求是：在接待客人时应做到对生人、熟人一个样；办事实事求是、大公无私；正确对待各种评论，绝不能把自己的工作岗位当成谋取私利的工具。

四、加强职业道德修养的方法

1. 学习的途径

学习的途径包括：一是读书，读书可以丰富人的知识，使人聪敏；二是向周围的人学习，尤其是向英雄模范人物学习，向有经验的老师傅学习。认真学习并刻苦实践，可以使人的品质升华到一个较高的境界。

2. 处理好人际关系的要求

在与人交往时，应善于发现和学习别人的优点，要尊重别人，与人和睦相处；绝不能只注意别人的缺点，不尊重别人，对别人百般苛刻，以致发生纠纷。

3. "慎独"的含义

"慎独"是指一个人在没有监督的情况下，不做不利于国家、社会和他人的坏事。"慎独"是一种自觉行为，是道德修养的主要方面，是高尚的道德品质。

4. 内心信念的概念

内心信念是指人们对某种观点、原则和理想形成的真挚信仰。

5. 道德高尚的人对人生价值观的认识

道德高尚的人认为，一个人生活在社会里，要自觉地有目的地通过社会实践，主要是职业活动去创造物质和精神财富，随时为社会和他人的需要做出奉献，为国家富强创造财富，为国家建设作出贡献。贡献越大，越有人生价值；无私奉献，不求回报，是道德高尚的人的人生价值观。在社会主义社会里，为人民服务的人生观、做贡献的价值观是衡量一个人有无道德的重要标准。

6. 优质服务的实质

优质服务的实质就是使消费者（客人）得到实实在在的物质利益和满意的服务而获得满足。例如，在为客人服务中使用敬语、面带微笑、主动服务等都是优质服务的体现。

7. 自我牺牲精神的作用

餐厅服务员自我牺牲精神越强，处处表现出无私奉献的精神，消费者获得的精神满足就越大，给企业带来的效益也就越好。

8. 衡量一个人有无道德的标准

在社会主义社会里，为人们服务的人生观，为国家、为社会、为他人奉献的价值观，以及处理利益关系时是否先公后私，是衡量一个人有无道德的重要标准。

精讲 ② 餐饮服务礼节礼貌

一、礼节礼貌的基础知识

1. 礼节的概念

礼节是人们在交往时表示相互尊敬的惯用形式，如在交际场合相互表示尊敬、问候、祝福、慰问及给予必要的协助与照料等。

2. 礼节的具体表现形式

不同国籍、不同场合，适用的礼节不同。例如，中国古代的跪拜、作揖，现代的握手、敬礼，一些国家的人们在见面时拥抱、双手合十、接吻，都是不同礼节的具体表现形式。服务中常见的礼节形式有：握手礼节、鞠躬礼节、致意礼节等。

3. 握手礼节

（1）握手的正确姿势。握手时双眼要注视对方，右臂自然向前伸出，与身体呈五六十度角，手掌向左，掌心微向上，拇指与手掌分开，其余四指自然并拢并微向内曲。

（2）握手的正确顺序。男士与女士握手时，男士要等女士先伸手之后再握；下级与上级握手时，上级先伸手；年轻者与年长者握手时，年长者先伸手。

（3）握手的注意事项。行握手礼时，除年老体弱者和残疾人外，一定要站立；不能戴手套握手（女士在社交场合戴薄纱手套除外）；握手时要把握力度，握手时间以 3 秒左右为宜；与女士握手时，一般只握女方手指部分，不宜太紧、太久；多人在场时，应按顺序一一握手，不能交叉握手或两手同时与两人握手。

4. 礼貌的概念

礼貌是人们在相互交往中，通过语言、表情、行为、态度表示相互尊重和友好的言行规范。它体现了时代的风尚与道德水准，反映着人们受教育的程度。

5. 礼貌在服务工作中的表现

餐厅服务员在服务工作中应做到举止端庄文雅，言语谦虚恭敬，态度诚恳热情。

6. 讲礼貌在服务工作中的作用

人们在交往中讲礼貌有助于建立相互尊重、友好合作的关系，有助于调节公共场所人际间的相互关系，也有助于缓解矛盾、避免冲突，让来店用餐的客人有宾至如归之感。

7. 礼貌的分类

礼貌可以分为礼貌行为和礼貌语言两大部分。礼貌行为是一种无声的行为，如微笑、点头、握手、鼓掌等。礼貌语言是一种有声的行为，如使用"您""请""欢迎光临"等敬语。

8. 礼仪的概念

礼仪是表示礼节的仪式，礼仪存在于人际交往的一切活动中。礼仪是有形的，其基本形态既受社会的基本原则制约，又受物质水平、历史传统、文化心态、民族习俗等影响。

9. 礼仪的适用范围

礼仪存在于人际交往的一切活动中。例如，迎接外国国家元首或政府首脑时的检阅仪仗队和鸣放礼炮，展览会开幕或大桥通车时的剪彩，新落成的大型建筑的揭幕，大型工程的奠基仪式等。

10. 礼仪最基本的三大要素

礼仪最基本的三大要素是语言（书面或口头）、行为表情和服饰。任何重大典礼活动都需要同时具备这三大要素。

11. "礼"的本质

礼节、礼貌、礼仪都涵盖同一个字"礼"。"礼"表示人们在交往中相互表示敬重和友好，其本质就是尊敬人。

（1）礼貌、礼节两者的不同点。礼貌是表示尊重的言行规范，礼节是表示尊重的形式要求。

（2）礼貌、礼节、礼仪三者的联系。礼节是礼貌的具体表现，礼貌是礼节的规范，礼仪通过礼貌、礼节来体现，三者之间相辅相成，密不可分。

二、礼节礼貌在服务工作中的重要性

1. 服务态度对餐厅声誉的影响

随着社会的发展和人类文明的进步，宾客到餐厅不仅是为了满足就餐的生理需求，而且还有受人尊重的心理需要。宾客不仅要求餐厅具有优雅的就餐环境，提供优质的饭菜，更主要的是要求餐厅提供一流的服务。一个餐厅社会声誉的高低很大程度上取决于餐厅服务员是否具有文明礼貌的服务态度。

2. 餐厅服务员礼貌待客的具体要求

餐厅服务员对客人应做到尊重与友好；在服务中注重仪表、仪容、仪态；使用文明用语，按规范程序提供服务；用发自内心的满腔热忱向客人提供主动、周到的服务，突出餐厅服务员良好的素质和文明的风度。

3. 餐厅服务员与客人交谈的要求

餐厅服务员在与客人交谈时，要谈吐文雅、表达得体，做到语音标准、音质甜润、音量适中、语调婉转、语气诚恳、语速适当；要讲究语言艺术，说好迎宾语、尊敬语、谦让语、致谢语等；服务中要使用普通话接待客人，把文明敬语贯穿于整个服务过程，表现出服务员良好的语言素养。

4. 餐厅服务员对客服务中不应出现的服务态度

对客服务中，餐厅服务员不应挑剔客人，更不能挖苦客人，不要因客人的某种缺陷讥笑、讽刺客人，也不要对客人冷漠。

三、服务中礼节礼貌的基本要求

1. 餐厅服务员站立的要领

站立服务是餐厅服务员的基本功之一。站立的具体要领是：上身正立，头正目平，面带微笑，微收下颌，肩平胸挺，直腰收腹，两臂自然下垂，两腿相靠直立，肌肉略有收缩感；切忌东倒西歪，耸肩勾背，挺腹屈腿，懒洋洋地倚靠等。

（1）女服务员站立的要领。女服务员站立时，双脚呈 V 字形，双膝和脚后跟要紧靠，张开的距离为 20—25cm。女服务员穿礼服或旗袍时，不要双脚并列，要让两脚之间相距5cm，以一只脚为重心。

（2）男服务员站立的要领。男服务员站立时，双脚与肩同宽，上体保持正直，不可把脚叉开太大。

2. 行走的基本要求

行走的基本要求是：挺胸抬头，两眼平视，步幅要合乎标准；男士走路时，两脚跟交替前进，两脚尖稍外展；女士走路时，两脚要踏在一条直线上，称"一字步"，以示优美。

3. 上岗着装的要求

餐厅服务员上岗必须按规定着装，佩戴餐厅标志，服装平整，纽扣系齐；不得卷裤脚，不准穿背心、短裤、拖鞋上岗。

4. 工作中不应出现的举止

餐厅服务员在工作时不准饮酒，不能吃葱、蒜等异味食品。餐厅服务员在宾客面前不准吸烟、吃东西，不可手叉腰，不可修指甲、剔牙、挖鼻、挖耳、搓泥、搔痒、抓头、打嗝、伸懒腰、打喷嚏、打哈欠；忍不住时，应用手帕掩住口鼻，面向一旁。餐厅服务员在工作中不得串岗、喧哗，不要高声应答，如距离过远可招手示意。

5. 为客人引位时的正确姿势

餐厅服务员在为客人引位时，应掌心向上，四指并拢，大拇指张开，前臂自然上抬伸直。指示方向时，应面带笑容，上体前倾，眼睛看着目标方向，同时兼顾客人，以示诚恳、恭敬。

6. 引领客人时的服务要求

餐厅服务员在为客人提供引领服务时，迎客时应走在前，送客时应走在后，遇拐弯或台阶处示意客人。

7. 微笑服务

（1）微笑服务的意义。微笑服务在餐饮服务中是一种特殊、无声的礼貌语言。在服务中，餐厅服务员的真诚微笑可以使宾客心理上产生安全感、亲近感，缩小宾客与企业的距离。微笑是善意的桥梁，能以柔克刚、以静制动、融洽气氛，是企业发展的营销艺术。全球著名的希尔顿饭店成功的法宝就是微笑。微笑服务是爱岗敬业的表现。微笑服务可以促进企业的效益。在为宾客提供全方位的服务中，坚持微笑服务，就会得到宾客的尊敬和理解，让宾客有宾至如归之感。

（2）服务中微笑的要求。真诚甜美是对餐厅服务员微笑服务的要求。微笑要自然坦诚、发自内心，不可故作笑颜、假意奉承。在正式场合不能放声大笑，不能笑得前仰后合、捧腹捶胸。真诚甜美的微笑的关键是口角的两端均向上翘起。工作中轻蔑的笑、忧郁的笑、傻笑、呆笑、假笑等，都是对客人不尊重的表现。

8. 餐厅服务员提高语言艺术的途径

餐厅服务员可通过看、听、想、说四个方面提高语言艺术，即看客人的情况、听客人的语意、想客人之所想、说出客人的需求。

9. 与客人交谈的注意事项

餐厅服务员与客人说话时，要保持1m的距离，面带笑容，语调亲切，讲话音量应低于客人。

（1）客人进入餐厅时的招呼用语。客人进入餐厅时，餐厅服务员的第一句问候应是"您好，欢迎光临"。当餐厅已满员时，迎宾员应对客人说："请稍等，我马上为您安排。"

（2）席间进行食品服务时的礼貌用语。餐厅服务员向客人推荐菜肴时可以说："您不介意的话，我向您推荐一道××菜。""您是否品尝一下我们的特色菜？""我们餐厅属××风味，您喜欢××这道菜吗？"

客人的菜上齐后，餐厅服务员应礼貌的告诉客人："您的菜上齐了，请慢用。"

席间询问客人是否需要添加食品时应说："给您再添点米饭好吗？""您看，您是否再添点别的？"

对客人提出的有关菜肴的问题不清楚时应说："对不起，我问清楚后马上告诉您。"

四、餐厅服务员的仪容仪表

1. 餐厅服务员上岗时佩戴饰物的规定

餐厅服务员上岗时除佩戴手表外，一般不佩戴项链、手镯、戒指、手链、耳环、胸针等饰物，否则是对宾客不尊重的表现。

2. 女服务员唇膏与肤色的搭配

唇膏的选用要与肤色相配，不能反差太大。肤色较白的人宜选用浅红色，皮肤较黄的人宜选用橘色或偏红色。涂好唇膏后，要对着镜子检查是否均匀，有无缺漏处，用双唇吮匀，并用纸巾去掉浮色。

练习题

一、单选题

1. 职业道德是一种（　　）的约束机制。

　　A. 强制性　　　　　B. 非强制性　　　　C. 随意性　　　　　D. 自发性

2. 对职业道德、服务质量、服务态度三者关系表述不正确的是（　　）。

　　A. 服务态度、服务质量是职业道德的外在表现

　　B. 只有具备良好的职业道德才可能有持久的良好的服务质量

　　C. 加强职业道德建设是搞好服务质量，改善服务态度的核心

　　D. 加强职业道德建设对改善服务态度没有作用

3. （　　）是忠于职守的具体体现。

　　A. 对客人的合理要求要尽一切办法满足

　　B. 客人有疑问时，告诉客人到咨询处去询问

　　C. 不把工作当回事

　　D. 对自己职责范围内的工作，不会就不干，只要不离岗就可以

4. 对待职业和岗位，（　　）并不是爱岗敬业所要求的。

　　A. 干一行，爱一行，专一行　　　　B. 一职定终生，不改行

　　C. 树立职业理想　　　　　　　　　D. 遵守行业的规章制度

5. 客人提出的各种合理需要在饭店都得到了满足，说明（　　）。

　　A. 饭店的管理者好　　　　　　　　B. 服务员福利待遇好

　　C. 饭店的服务是优质的　　　　　　D. 饭店是属于高档次的

6. 餐厅服务员在服务态度上（　　）是绝不允许的。

　　A. 面带微笑　　　　　　　　　　　B. 解答客人的所有问题

　　C. 讥笑、冷落客人　　　　　　　　D. 热情迎客

7. （　　）的姿态不符合餐厅服务员正确站姿要领。

　　A. 目光上扬　　　B. 肩平挺胸　　　C. 两腿相靠，直立　　　D. 直腰收腹

8. 餐厅服务员是否有文明礼貌的服务态度，对（　　）有直接影响。

　　A. 餐厅服务员能否继续工作　　　　B. 餐厅社会声誉的高低

　　C. 提高饭菜质量　　　　　　　　　D. 提高管理水平

9. （　　）的做法符合餐厅服务员工作中的举止要求。

　　A. 站立时间过长，用手叉腰稍作休息

　　B. 工作中为振作精神适量饮酒

　　C. 打喷嚏、打哈欠时用手帕掩住，面向一旁

D. 在客人面前修指甲

10. （　　）是服务员在引领客人时的要求。

    A. 迎客走在后　　　　　　　　　B. 始终与客人并排

    C. 送客走在后　　　　　　　　　D. 遇台阶时服务员要照顾好自己

二、判断题

1. （　　）道德的作用局限性很强。

2. （　　）道德伴随我们日常生活中的一切事情。

3. （　　）新型人际关系的特点之一是互帮互学。

4. （　　）道德高尚的人生价值观是贡献越大，才越有人生价值。

5. （　　）道德是处理人与人之间各种关系的一种特殊的行为规范。

6. （　　）餐厅服务员上岗时可戴手表、手镯和手链。

7. （　　）微笑是善意的桥梁，是企业发展的营销艺术。

8. （　　）客人进入餐厅时，餐厅服务员的第一句问候语是："欢迎欢迎，热烈欢迎。"

9. （　　）唇膏的选用要与肤色相配，肤色较白的人选择偏红色。

10. （　　）礼貌只是指礼貌语言的具体要求。

食品营养知识

精讲 ① 食品卫生知识

一、食品卫生基础知识

1. 食品的概念

食品是指各种供人食用或者饮用的物品，以及按照传统既是食品又是药品的物品，但不包括以治病为目的的药品。

2. 食品必须具备的三个基本条件

食品是人类赖以生存的物质基础，它必须具备三个基本条件：第一，应当无毒无害，不能对人体健康产生任何损害，不会造成人体的急性病或慢性病及潜在性疾病；第二，应当符合营养要求，能供给人体所需的各种营养，具有一定的营养含量；第三，应具有相应的色、香、味、形，在感官性状上不应给人以任何不良感觉。在食品卫生中，对食品的无害无毒要求是首要条件，其次是有营养价值和感官性状良好。

3. 食品卫生学的概念

食品卫生学是预防医学的组成部分，它是一门研究食品中有害因素与人体健康的关系及其预防措施，以稳定食品卫生质量、保护食用者安全为目标的学科。食品卫生学研究的内容很广泛，其中包括研究食品中的主要营养成分与人体健康的关系，以及如何合理膳食。

4. 灭菌的概念

灭菌是杀灭物体中的所有微生物的技术。灭菌是食品生产经营者为达到较长时间保藏食品的目的而采取的技术措施。

（1）煮沸消毒法。煮沸消毒法是指将东西放在100℃的沸水中煮3—5分钟，可杀灭微生物繁殖体。煮沸消毒法适用于食品餐饮用具、茶具、酒具以及储存食品的容器和材料器具的消毒。

（2）巴氏消毒法。巴氏消毒法主要应用在牛奶的消毒上。巴氏消毒法可分为低温63℃、30分钟和高温80℃—90℃、30—60秒两种。为提高效率、缩短加热时间、减少对食品质量的影响，多采用后一种方法。

（3）紫外线消毒法。紫外线是低能量的电磁辐射，杀菌力强，多用于食品超净车间、冷菜间和饮用水消毒。

（4）含氯制剂消毒法。使用含氯制剂消毒时，可将原液配制成 3%—5% 的溶液，用于餐具、酒具、茶具、容器等的消毒，浸泡 3—5 分钟即可；也可将原液配制成 3% 的溶液，用于果蔬消毒，浸泡 10 分钟后用清水冲洗即可。

（5）过氧化物制剂消毒法。使用过氧化物制剂消毒时，其溶液的浓度为 0.5%—1%。

二、食品卫生质量的鉴别方法

1. 食品腐败变质的感官鉴别

以人们的感觉器官对食品的感官性状进行鉴别，从色、香、味、形四方面和正常食品进行对比鉴别，称为感官鉴别。

2. 根据食品标识鉴定食品过期的方法

根据食品标识是否完整、清晰，有无生产日期，是否过保质期等方面进行鉴定。

3. 掺杂食品的概念

掺杂食品是指在食品中加入了与原有食品形状、颜色相似的杂物，如辣椒粉中加入橘子皮、玉米面、红砖粉，大米中掺沙粒、荧光粉，发菜中掺玉米须，冻肉、冻鸡中注水，味精中加食盐等。

4. 伪造食品的概念

伪造食品是指食品的标志和名称与包装内容不符，如用名牌酒商标包装质量伪劣的假酒，用工业酒精勾兑假酒，用虚假广告宣传的各种营养品、保健品、防癌食品等。

三、预防食品污染、食品中毒和有关传染病

1. 食品污染的概念

有毒有害物质进入正常食品，对人体健康构成威胁，称为食品污染。食品在种植、养殖、采收、屠宰、生产、加工、储存、运输、销售、食用等过程中被有毒有害物质污染，人们吃了这样的食品就可能引发传染病、寄生虫病等危害健康的疾病。

2. 预防食品细菌污染的方法

细菌生命力极强，在温度、水分、营养适宜的条件下，每 15—20 分钟即可分裂繁殖一代。在人们的生活中，食品不可避免地会受到细菌污染，污染越多，食品越容易腐败变质，带有致病菌的机会也就越多。因此，我们要采取严格的洗刷消毒措施，保持良好的食品安全环境。

3. 食品化学性污染的种类

食品化学性污染主要有以下四种：

（1）农药污染。人们在食品种植、养殖过程中大量使用农药，农药在除虫去病的同时也会对人体造成伤害。

（2）工业的"三废"污染。在工业污染的水域、土壤中生长的食品会给人体造成危害。这种危害是慢性蓄积的，其危害性最大。

（3）化学添加剂污染。为改善食品品质和色、香、味及防腐和加工工艺的需要，允许在食品中添加一些化学的和天然的物质，但添加剂在使用时的质量标准、使用方法、剂量都应严格遵守国家相关法律和卫生标准规定。

（4）食品生产用具、容器、机械、包装材料等的污染。国家相关法律和卫生标准对此有严格的规定，应遵照执行，确保食品不受污染。

4. 食物中毒的特点

（1）中毒病人在相近的时间内均食用过某种共同的中毒食品，不食用者不发病，停止食用中毒食品后，病情很快好转。

（2）潜伏期较短，发病急剧，病程较短。

（3）所有中毒病人的临床表现基本相似。

（4）不像肠道传染病那样有传染性和连续发病的特点，不存在人与人之间的直接传染。

5. 食品存放于冰箱中的要求

在冰箱中存放食品时要做到生与熟、成品与半成品分开，坚持先进先出原则。

6. 夏天熟肉制品的保管

熟肉制品出锅后要摊开凉透后再放入冰箱冷藏，夏天熟肉制品出锅后 24 小时内不食用必须回锅加热。

四、饮食业食品卫生制度

1. 食品制售卫生要求

制售食品必须在室内进行，冷菜、雪糕、蛋糕应在门窗密封的室内制作。应遮盖食品，防止积尘。食品操作间应安装纱门、纱窗或风幕等防尘、防鼠、防蝇设施。

2. 食品入库验收的内容

食品入库时要进行验收、登记。验收时要检查食品的质量、卫生状况、数量、标记（要与食品批号相符），登记食品的保质期。

3. 食品在冷库中保存的最佳温度

冷库需达到应有的温度，熟食品库要保持在 −4℃ 左右；黄油要保存在 −15℃——10℃ 的冰库内；生鱼、肉类短期（几天）保存时需要在 −10℃——6℃ 的冰库内，长期保存（一个月以上）时，冷藏温度要在 −18℃ 以下。

4. 餐具洗刷消毒工序

餐具洗刷消毒工序为：去残渣、洗涤剂洗刷、净水冲、热力消毒。

5. 餐厅棉织品的卫生要求

消毒的餐巾应在专台进行折叠，餐厅服务员在操作前要将双手洗净消毒。台布要一餐一换，小毛巾要一用一消毒。

6. 个人卫生制度的要求

（1）个人卫生制度中对餐厅服务员指甲、发型的要求。餐厅服务员要勤剪指甲。男服务员不留长发和大鬓角，女服务员的头发不能披肩。

（2）个人卫生制度中"四勤"的具体内容。"四勤"即勤洗手、剪指甲，勤洗澡理发，勤换洗衣服被褥，勤换洗工作服。

（3）个人卫生制度中对餐厅服务员体检的要求。所有员工每年必须进行健康检查，新员工及临时员工上岗前必须进行体检，取得健康证和培训证后方可参加工作。

7. 餐厅服务员良好的卫生操作习惯的具体体现

（1）保持餐厅干净，地面无尘土、杂物，无卫生死角，无异味，温度合适，空气清新，为客人提供一个干净舒适的就餐环境。

（2）餐酒用具在使用前必须经过严格的洗涤消毒，餐巾、毛巾要干净、无污渍、无破边。破边、破口的餐盘、玻璃杯等一定不能上桌让客人使用。

（3）餐厅服务员操作时要体现出良好的卫生操作习惯。为客人上菜时应使用托盘，手拿菜盘时，大拇指要向盘边靠拢，不得沾上食品。为客人拿取酒杯时，手指只能靠近杯的底部，不可触及杯口。为客人上菜前，用感官检查菜肴是否有异物、异味，是否符合卫生要求。上汤或汤菜时，如盆边有溢出的菜或汤汁，应先擦干净后再上桌。

五、食品卫生相关知识

1. 《食品卫生法》的颁布时间

《食品卫生法》于 1995 年 10 月 30 日颁布实施。

2. 《食品卫生法》的审定机构

《食品卫生法》经第八届全国人民代表大会常务委员会第十六次会议审议通过并颁布实施，它是新中国成立后第一部经全国人大常委会通过的卫生法律，是食品卫生法律体系中法律效力等级最高的法律文件。

3. 食品卫生许可制度中对用于食品和食品用工具、设备等的洗涤剂、消毒剂的要求

用于食品和食品用工具、设备的洗涤剂、消毒剂必须经卫生行政部门批准。未取得省级以上卫生行政部门审查批准的，不得用于食品和食品用工具、设备的洗涤或消毒。

4. 食品生产经营者应承担的民事赔偿责任

根据《食品卫生法》第四十八条的规定，违反《食品卫生法》规定，造成食物中毒事故或者其他食源性疾患的，或者因其他违反《食品卫生法》行为给他人造成损害的，应当依法承担民事赔偿责任。

精讲 ❷　食品营养知识

一、食品营养基础知识

1. 平衡膳食的概念

在自然界中只有由多种食物构成的膳食，营养素才会种类齐全、数量充足且比例适宜，才利于人体吸收利用，从而使人体对营养的需求与膳食供给之间建立起良好的平衡关系，达到合理营养的目的，这样科学的膳食称为平衡膳食。如果膳食中营养素之间的比例失调，不满足人体的生理需要，就会对人体健康造成不良影响，甚至引发某些营养性疾病或慢性疾病。

2. 膳食摄入量的要求

我国营养学会于 1988 年重新修订了我国各类人群不同生理阶段每日各种营养素的供给量，不同人群各种营养素的供给量标准有所不同，每日各种营养素的摄入量，在一个周期内（5—7 天）平均达到标准供给量正负误差不超过 10% 即可。一般轻体力劳动者每日约摄入各种食物大约 1 500g，才能基本保证平衡膳食的数量要求。

3. 膳食中热量的来源

膳食中的热量来自粮谷类、薯类、豆类和动物性食物。

4. 人体 8 种必需氨基酸的来源

人体蛋白质中有 8 种氨基酸被称为必需氨基酸，人体自身不能合成，所以要由食物蛋白质来提供。这就要求膳食中蛋白质所含有的必需氨基酸数量及相互之间的比例与人体所需要的必需氨基酸数量及比例趋于一致，只有这样，膳食蛋白质才会表现出比较高的生物价值。而多数植物性食物氨基酸的比例不合理，不适宜人体蛋白质的合成。为了保持必需氨基酸间的比例关系，应充分利用蛋白质的互补作用，力求粮豆混食、荤素搭配，使食物蛋白质相互取长补短，补充缺乏或含量不足的氨基酸，提高膳食蛋白质的质量。膳食中植物性蛋白质应占 65%—70%，动物性蛋白质约占 25%，豆类蛋白质约占 5%，即优质蛋白质应占蛋白质供给量的 1/3。

5. 成人脂类摄入量

膳食中的脂类包括类脂和脂肪。成人每日脂类的摄入量约为 50g，应占膳食总热量的 20%—25%。其中以植物油为主，占 2/3，动物脂肪占 1/3。而植物油中的 1/5 应来自必需氨基酸。或者说，膳食中多不饱和脂肪酸、单不饱和脂肪酸以及饱和脂肪酸的配比为 1∶1∶1。

6. 酸碱性食物

由于食物中所含无机盐的成分不同，在人体内最终氧化后有酸性和碱性之别。多数蔬菜、水果、大豆及制品、牛奶，以及硬果类的杏仁、栗子、松子等食物含钙、钾、钠、镁等金属元素量高，在人体内经代谢最终呈碱性，所以叫碱性食物。肉、蛋、米等食物及核桃、啤酒等含氯、硫、磷等非金属元素量高，在人体内经代谢最终呈酸性，所以叫酸性食物。食物在人体内经代谢呈中性反应的有烹饪油、黄油、淀粉和糖。

7. 平衡膳食的总体设计步骤

（1）根据就餐者的年龄、性别、劳动强度、生理状况确定每日各种营养素的供给量标准。

（2）根据营养素供给量标准中的热量指标，按照平衡膳食指标中热量营养素分配比例，计算出就餐者所需要的热量。

（3）根据热量营养素的生理燃烧值，计算出热量营养素的摄入量。

（4）根据蛋白质的摄入量，推算出几大类主要食物的量，再考虑食物品种的搭配，使每日能进食 20 种以上的食物，再加上植物油、调味品，以及少许的菌藻类、硬果类食物，即可设计出一日平衡膳食食谱或一桌营养平衡的筵席。

8. 主食在搭配膳食中的地位

一般筵席中主食的热量可占膳食热量的 1/2，正常膳食主食的热量最少占膳食热量的 50%—60%。正常膳食主食的热量一般维持在 60%—70%。在搭配膳食过程中，首先要考虑主食的地位，要做到粗粮细做，并应用到宴会中去，还要充分发挥医食同源的优良做法，达到食疗的效果。

9. 荤素搭配的作用

配菜中注意荤素搭配，有利于营养的全面摄取，维持体内酸碱平衡。如熘肝尖应加木耳和柿子椒或辣椒，再如翡翠虾仁加入豌豆可弥补动物性食物维生素和纤维素的不足。

10. 优化营养素之间比例的具体做法

如豆腐烧鱼，若仅吃鱼，则无机盐、磷过多，钙少；若仅吃豆腐，则钙多。只有两者相互搭配，平衡钙、磷之比，才有利于钙、磷的吸收。如奶油菜花、栗子鸡等菜肴，都可促进和提高营养素的吸收率。

菜肴的搭配图

11. 搭配营养配菜的方法

（1）营养配菜应注重菜肴的数量搭配。由一种原料构成的单一菜肴，选料要精细，要突出主料的肥美、鲜香或细嫩的特点。有主料、配料的菜肴，必须突出主料，配料只起陪衬、烘托和补充营养的作用，主料、配料的比例一般为4：3或3：2。

（2）营养配菜应注重质量、色、味的搭配。营养配菜不但要配质地，即软配软、脆配脆、韧配韧、嫩配嫩等，更要考虑营养搭配。营养配菜应注意菜肴颜色的搭配，一种是异色搭配，另一种是顺色搭配。不管是异色搭配还是顺色搭配，都要把主料、配料的色泽搭配协调，使其美观大方。味的搭配一般分为浓淡相配、淡口相配和异香味相配等多种形式，但无论哪种形式都不能忽视保证营养这一主要目的。

二、各类食品的营养价值

1. 畜肉类食品

畜肉类食品包括牲畜的肌肉、内脏及其制品。它们在蛋白质氨基酸的组成上，尤其是在必需氨基酸的组成上，接近人体组织构成的需要，能提供蛋白质、脂肪、无机盐和一些维生素。它们的吸收率高、味美，可以烹调成多种多样的佳肴，食用价值很高。

2. 禽肉类食品

禽类主要指鸡、鸭、鹅等。禽肉类食品一般含约20%的蛋白质，能提供人体多种必需氨基酸。禽肉类食品的特点是其脂肪的熔点低，易消化。所含亚油酸占脂肪含量的20%，是一种必需氨基酸。禽类的内脏富含维生素 A 和维生素 B_2，鸡肝中维生素 A 的含量相当于羊肝或猪肝的1—6倍。由于禽肉中结缔组织柔软，脂肪分布均匀，所以禽肉比畜肉更鲜嫩、味美。

3. 鱼类食品

鱼类食品包括各种鱼类及其他水产品动物，为主要蛋白质来源，也供给少量脂肪，含有维生素 A 和维生素 D，无机盐的含量也十分丰富。

4. 蛋类食品

蛋类食品可提供极为丰富的必需氨基酸，而且组成比例非常适合人体需要，利用率可达99.6%，为天然食物中生物学价值最高的蛋白质，完全蛋白质的含量为 13%—15%。11%—15% 的脂肪主要储存在蛋黄中，而且分散成细小颗粒，极易被吸收。蛋类食品的大部分脂肪为中性脂肪，此外还含有卵磷脂和胆固醇。同时蛋类食品也是维生素和无机盐的良好来源。

5. 奶类食品

奶类食品营养丰富，因为奶中的酪蛋白、白蛋白和球蛋白均含有人体必需氨基酸，其含量与鸡蛋蛋白质相似，故其利用率较高，此外还含有血清白蛋白、免疫球蛋白及酶类等。奶类食品是人类所需钙的重要来源，且吸收率高，每100g 鲜奶可提供120mg 的钙。

6. 谷物食品

谷物食品是我国人民膳食中最经济的热量来源，膳食中一半的蛋白质是由谷物提供的。谷物食品含有大量的 B 族维生素，大部分存在于谷胚和内皮中，以维生素 B_1 和维生素 B_3 为主。谷物食品含无机盐也很丰富，集中在谷皮、糊粉层和谷胚中。

7. 豆类食品

豆类食品从蛋白质含量上看，较其他各类食品都高，如大豆 40% 左右，干蚕豆 29% 左右，绿豆 23% 左右，赤豆 19% 左右。且其蛋白质质量也很高，其氨基酸组成与牛奶、鸡蛋蛋白质相比相差不大。豆类食品富含赖氨酸，而蛋氨酸含量稍显不足；谷类食品的赖氨酸含量少，而蛋氨酸含量较多，故二者混合食用可提高其营养价值。

8. 蔬菜和水果

蔬菜和水果是人们膳食中的重要食品，特别是蔬菜在膳食中所占比例很大。其主要含维生素 C、胡萝卜素和维生素 B_2，人体所需要的维生素主要靠蔬菜、水果来供给。各种绿叶菜如小白菜、菠菜中维生素含量最丰富，其次是根茎类。

富含维生素 C 的蔬菜有柿子椒、辣椒、苦瓜、菜花、菠菜、卷心菜等，水果有鲜枣、山楂、橘子、柠檬等。蔬菜、水果还可提供人体所需的各种无机盐，如钾、钠、镁、碘等。

9. 菌藻类食品

菌藻类食品不仅美味可口，是佐味之上品，而且含有抗病毒、抗癌、降低胆固醇的物质。菌藻类食品在世界上不仅有"健康食品"的美称，还有"素中之荤"的美称，在配膳中应注意选择。

练习题

一、单选题

1. 杀灭物体中所有微生物的技术称（　　）。
　　A. 消灭　　　　　　B. 灭菌　　　　　　C. 洗涤　　　　　　D. 燃烧

2. 巴氏消毒法分低温和高温两种，其中高温消毒要求温度（　　），时间（　　）。
　　A. 63℃；30 分钟　　　　　　　　B. 80℃—90℃；30 分钟
　　C. 80℃—90℃；30—60 秒　　　　D. 130℃—150℃；0.5—2 秒

3. 对饮用水消毒最好选用（　　）法消毒。
　　A. 煮沸消毒　　　B. 红外线消毒　　　C. 紫外线消毒　　　D. 巴氏消毒

4. （　　）称为食品的污染。
　　A. 在食品中添加没有营养价值的物品
　　B. 有毒有害物质进入正常食品，对人体健康构成威胁

    C. 从原有食品中抽去营养成分，降低原有食品的质量

    D. 食品成分以次充好

5. 食品在冰箱中存放，不符合要求的是（　　　）。

    A. 肉类食品无论生熟放在一起　　　　　B. 成品与半成品分开存放

    C. 后放进的食品放在冰箱的里面　　　　D. 生食与熟食分开存放

6. 夏季熟肉制品出锅后，24 小时内不食用必须（　　　）。

    A. 倒掉　　　　　　　　　　　　　　　B. 趁热放入冰箱保存

    C. 放入冷冻箱中储存　　　　　　　　　D. 回锅加热

7. 食品制售必须在室内，且必须有遮盖，但可以不具备（　　　）设施。

    A. 防尘　　　　　　B. 防鼠　　　　　　C. 防蝇　　　　　　D. 防冻

8. 个人卫生制度要求员工每年必须进行（　　　）。

    A. 业务考核　　　　B. 体能测试　　　　C. 皮肤护理　　　　D. 健康检查

9. 下列不属于食品的是（　　　）。

    A. 饮料　　　　　　　　　　　　　　　B. 滋补品

    C. 以治病为目的的药品　　　　　　　　D. 矿泉水

10. （　　　）、有营养价值和感官性状良好是食品的基本条件。

    A. 无毒无害　　　　　　　　　　　　　B. 易于烹调

    C. 价格低廉　　　　　　　　　　　　　D. 无须加工直接食用

11. 下列属于根据食品标识鉴定食品是否过期的是（　　　）。

    A. 标明保质期　　　　　　　　　　　　B. 注明营养成分

    C. 注明产地　　　　　　　　　　　　　D. 注明食用方法

12. 食品的标志与包装内容不符，属（　　　）。

    A. 伪造食品　　　　B. 掺杂食品　　　　C. 掺假食品　　　　D. 劣质食品

13. （　　　）物质进入正常食品，对人体健康构成威胁，称为食品污染。

    A. 有毒有害　　　　B. 价格低廉　　　　C. 口味各异　　　　D. 营养丰富

14. 食物中毒的特点是（　　　），停止食用中毒食品后，病情很快好转，且没有人与人之间的直接传染。

    A. 潜伏期长，发病急剧，病程较短　　　B. 潜伏期短，发病急剧，病程较短

    C. 潜伏期短，发病缓慢，病程较长　　　D. 潜伏期长，发病急剧，病程较长

二、判断题

1. （　　　）茶具、酒具用浓度为 3‰—5‰ 的含氯制剂消毒时应浸泡 10 分钟。

2. （　　　）食品中加入了与原有食品形状、颜色相似的杂物视为掺杂食品。

3. （　　　）食品的标志和名称与包装内容不符，属伪造食品。

4. （　　　）大量使用农药，是预防食品被细菌污染的方法。

5. （　　　）餐厅洗刷消毒工序为去残渣、洗涤剂洗刷、净水冲、热力消毒 4 道工序。

6. （　　）餐厅棉织品的卫生要求是台布一客一换。

7. （　　）未经省级以上卫生行政部门审查批准的消毒剂、洗涤剂不能用于食品用工具的洗涤消毒。

8. （　　）生产经营者在食品中掺入有害的非食品原料的，应依法承担民事赔偿责任。

9. （　　）为客人送上物品时必须使用托盘，符合《食品卫生法》操作规范要求。

10. （　　）饭店要达到优质服务的标准，首先要求餐厅的设备设施是最现代化的。

饮食文化知识

精讲 ① 中外饮食文化

一、我国部分地区饮食文化习俗

1. 北京人的饮食特点

北京地处华北平原的北端，华北平原地势平坦、土地肥沃，盛产小麦、玉米、水稻、高粱、小米及各种蔬菜，山区产板栗、红枣、核桃、杏、柿子、桃等果品。北京人以面食为主，也喜欢吃大麦和一些杂粮，同时也很喜欢喝茶。北京的小吃品种繁多，代表品种有艾窝窝、豌豆黄、芸豆卷、小窝头、焦圈、扒糕、炸三角、灌肠、炒肝、茶汤、豆汁等。

2. 山西人的饮食特点

山西省地处黄河流域腹地，历来"专事农耕"，粮食作物有莜麦、大豆、谷子、玉米和小麦等。饮食花样之多为外地人称奇，有"一面百样吃"的说法，其中尤以刀削面著称。主食的做法有蒸、煮、烤、烙、炒、拌、炸等，每类不下几十种花样，有面条、拨鱼、削面、饸饹、煮疙瘩等，配上不同浇头、菜码和小料，风味独特。醋是山西城乡居民日常生活必备的调料。山西人饮酒之风历来盛行。

3. 广东人的饮食特点

广东省大部分地区属亚热带，高温多雨，常年无冰雪。粮食作物以水稻为主，经济作物种类繁多，主要有甘蔗、龙眼、茶叶等。广东海域广阔，江河密布，海洋捕捞业和淡水养殖业发达。由于以上地理环境和经济资源条件，广东饮食选料广博奇异、野味佳肴甚多，饮食习俗具有多样性、复杂性和特殊性。

"一日三餐，先茶后饭"是广东饮食习俗的一大特色。广东人不仅吃猪、牛、羊、鸡、鸭、鱼、虾、蟹，而且吃狗、蛇、龟、蛙、虫等。广东菜调味以甜为主，以清淡少油为适口，酸辣次之。菜肴的制作有蒸、炸、烤、煎等三十多种烹调方法，重色彩，讲味道。广东人还讲究吃时菜，即饮食随着时令季节的变化而变化。

4. 四川人的饮食特点

四川省地处长江上游，有"天府之国"的美称。四川以种植稻米为主，其次是小麦、玉米、荞麦、豆类等。养殖的家畜有猪、牛、羊、禽类。蔬菜品种丰富，调味品品种齐全。

四川人一般以鲜、咸、麻、辣、浓味的菜肴为适口。泡菜是四川人餐桌上必不可少的小菜品种，普遍自家泡制，吃起来清淡爽口、开胃鲜脆，久吃不厌。四川人喜欢用腌制腊肉的盐水腌鸭蛋，其蛋黄油多，质量极佳。此外，"夏天吃火锅"也是四川人的一大特点。四川名吃有担担面、钟水饺、龙抄手、酸辣粉、赖汤圆、叶粑等。

5. 东北人的饮食特点

东北人主食多吃杂粮，除大米、白面、小米、玉米、高粱等外，还喜食豆饭和二米饭。副食品种多，猪肉消耗量大。猪肉炖粉条是东北农村地区的大众菜肴。城镇饮食以京菜、鲁菜、火锅为主。在哈尔滨一带，俄式等西式菜品也深受欢迎，吃面包夹红肠、喝啤酒已成为当地一景。无论男女均能豪饮，东北地区人均啤酒消费量大大超过其他地区。东北地区重要的佐餐食品还有大酱、酱制品、酸菜、腌菜等。

东北地区民间饮食烹制方法除炖、炒、熬、蒸和火锅外，还喜欢用拌、蘸的食法。概括地说，东北人一般喜欢吃、鱼、虾、野味，嗜肥浓腥膻，重油偏咸。

6. 香港人的饮食特点

香港食物品种繁多，世界各地的鲜美食品应有尽有，四季供应不断，是一个名副其实的美食世界。香港人口味喜清淡、香脆，不爱食酸辣，最喜欢吃鱼、虾、蟹、鲍鱼、鳝等海鲜，制作时讲究火候，以刚熟而未透的为最鲜，喜欢用清蒸的烹调技法。香港人还根据季节的变化选择菜品，爱吃各种蔬菜。"饮早茶"是香港人饮食习俗的一大特色，饮早茶时不只是饮茶，还要吃点心、喝粥等。茶楼里的点心用小碟或小笼盛装，去饮茶的人一般至少要叫上两小碟或两小笼。在香港茶楼，最少也有二三十种点心供客人选择，其中虾饺和叉烧包是香港人首选的品种。

二、我国主要少数民族饮食文化习俗

1. 回族人的饮食习惯

回族人一日三餐的饮食习惯与汉族人差别较大。回族人日常饮食因聚居地区的主要农产品不同而略有变化，以面粉、大米为主，辅以玉米、豌豆等杂粮。回族人喜欢吃牛、羊、鸡、鸭和带鳞的鱼类，爱吃蔬菜。回族人不食动物的血液，不食自死的禽畜和非穆斯林宰杀的牲畜，也不吃非清真店制作的食品。

2. 维吾尔族人的饮食习惯

维吾尔族人的饮食很有特色。一种用白面或玉米面在特别的火坑中烤制而成，形似面饼，被称为"馕"的食品，是维吾尔族人家常主食之一。维吾尔族人吃馕是有讲究的，都是用手掰开后再食用，不允许拿着整个馕咬食。维吾尔族人喜爱的食品有烤羊肉串、手抓饭、拉面、手抓羊肉等。此外，维吾尔族人喜食水果，可以说瓜果是维吾尔族人的生活必需品。

3. 藏族人的饮食习惯

在饮食上，藏族人忌食奇蹄类动物的肉。大部分地区的藏族人也不食海味及鱼类。藏族人可以食用的是偶蹄类动物的肉，如牧养的牛、羊和野生的鹿等。藏族牧民的饮食多为一日四餐，早七点为第一餐，多食糌粑，喝酥油茶；十点吃第二餐；午后两点吃第三餐，亦称午餐，以食用肉食为主；晚八点吃第四餐，食品以粥为主。糌粑是藏族人的日常食品，藏族人日常生活中不能没有茶，酥油茶是藏族人时刻不可缺少的饮料佳品。青稞酒是藏族人过节必备的饮料。

4. 蒙古族人的饮食习惯

在牧区，蒙古族人以牛羊肉、乳食为主食。烤肉、烧肉、肉干、手抓肉均为蒙古族人的家常食品，其中手抓肉最为有名，四季均可食用。蒙古族人将吃全羊作为宴请远方宾客的最佳方式。炒米也是蒙古族人特别喜爱的一种食品，可干嚼或泡奶，是牧民外出放牧时极好的食物。蒙古族人在夏季里喜食酸奶，或拌饭或清饮，以清暑解热；夏天还喜欢饮马奶酒。

5. 朝鲜族人的饮食习惯

朝鲜族聚居区盛产大米，主食以大米为主，其次是冷面和米糕。米糕的品种较多，有打糕、切糕、发糕等。朝鲜族人口味以咸辣为主，咸菜品种丰富，式样美观，非常可口。辣椒是每个朝鲜家庭必备的调味品。朝鲜族人的饮食特点之一是每餐必喝汤，常用于吊汤的原料有牛肉、鸡肉、狗肉、兔肉等。朝鲜族人对猪肉的消耗量相对较少，不喜欢吃羊、河鱼，喜欢吃狗、牛、鸡、蛋品、海味、大酱和泡菜等，常以狗肉招待客人。

6. 傣族人的饮食习惯

傣族聚居地盛产水稻，傣族人以大米为主食，最喜欢吃糯米，而且常用糯米加工食品。傣族人喜欢酸、辛辣和香味。傣族人以酸竹笋煮鸡、煮鱼等视为待客的最佳菜肴。傣族的"南米"（即"酱"）风味独特，不同的菜蘸食不同的酱吃。傣族人爱饮酒和茶，会自己酿酒；吃饭时不饮酒，而是在饭后或空闲时饮用。

三、主要客源国饮食文化习俗

1. 英国人的饮食习惯

英国人以英菜、法菜为主，口味清爽，菜肴量少而精，花样众多，讲究营养成分以及菜肴的色、香、味、形。英国人喜欢吃牛、羊、鸡、鸭、蛋品、野味和新鲜蔬菜，爱吃面包、甜点及水果，夏天喜欢吃冷甜点，冬天喜欢吃热布丁。英国人在进餐时一般先喝啤酒，还喜欢喝金酒、威士忌等烈性酒。咖啡、红茶是英国人常喝的饮料。英国人不喜欢吃用动物内脏做成的菜肴。大多数英国家庭一日四餐，即早餐、午餐、茶点和晚餐，晚餐是一天中最主要的正餐。

2. 法国人的饮食习惯

法国的酿酒业闻名世界，红、白葡萄酒是法国的特产。法国人喝酒是很讲究的，吃饭前往往先喝一点威士忌、朗姆酒、利口酒之类的度数较高的甜酒；吃饭时讲究菜肴与酒的搭配，从不在餐桌上喝烈性酒；饭后喝一点白兰地之类的酒，以助消化。用餐时，一般清汤海味配白葡萄酒，肉类野味配红葡萄酒，烤火腿、火鸡配香槟酒。

3. 美国人的饮食习惯

美国人一般不用真正的酱油，而是喜欢用辣椒油。此外，美国人没有食醋的习惯。

4. 日本人的饮食习惯

日本料理的最大特点是以鱼、虾、贝类等鲜活产品为烹饪原料，并有冷、热、生、熟各种食用方法。日本人讲究菜点的色泽和形态，很注意营养成分。日本人尤其爱吃鱼，鱼的做法很多，吃生鱼时要蘸酱油，配上芥末以解腥杀菌。

精讲 2 中国菜肴知识

1. 山东菜的特点

山东菜的形成可追溯到春秋战国时期，南北朝时发展迅速，经元、明、清三代，现在被认为是中国菜的第一大流派。山东菜主要由内陆的济南菜和沿海的胶东菜构成。济南菜以省会济南为中心，以烹饪方法独特多样、制作精细、长于制汤、讲究用汤为主要特色。菜品以清、鲜、脆、嫩著称，口味多以咸、鲜为主。山东菜的代表菜有氽芙蓉黄管脊髓、奶汤八宝鸡、荷花鱼翅、糖醋黄河鲤鱼、清炒虾仁等。

2. 四川菜的特点

四川菜在秦、汉、两晋时已见于志，至唐宋时屡为诗文所称颂。明清以后，其影响已达海内外。四川菜主要由成都菜、重庆菜、自贡菜和佛斋菜组成，原料多选山珍、江鲜、野蔬和家禽畜肉，其风味特点在相当大的程度上取决于四川的特产原料。四川菜运用辣椒调味，对巴蜀时形成的"尚滋味、好辛香"的调味传统有所发展。四川菜由筵席菜、便餐菜、家常菜、三蒸九扣菜、风味小吃五大类组成了一套完整的风味体系，其风味清、鲜、醇、浓并重，并以善用麻辣著称，有"味在四川"之誉。其代表名菜有水煮牛肉、樟茶鸭子、菠饺鱼肚、家常海参、干烧鹿筋等。

3. 淮扬菜的特点

淮扬菜由来已久，始于先秦，隋唐时已有盛名，明、清两代发展较快，并形成流派。淮扬菜由淮扬、金陵、苏锡、徐海等几大地方风味组成。

淮扬菜以扬州为中心，口味以清淡为主，南北皆宜。金陵菜以南京为中心，口味以醇和为主，素以鸭馔驰名。苏锡菜以苏州和无锡为中心，口味清爽、浓淡适宜。徐海菜是指自徐州沿东陇线至连云港一带的菜品，风味咸鲜，五味兼容，淳朴实惠。

淮扬菜具有原料以水产为主，注意鲜活，加工精细多变，因料施艺，烹制善用火候，口味调和、清鲜、平和的特点。其代表名菜有翠珠鱼花、宫灯里脊、东坡肉、白玉虾圆、淮杞炖鳖裙、鸡包鱼翅等。

4. 广东菜的特点

广东菜即粤菜，古代聚居于广东一带的百粤族人善农耕和打鱼，喜杂食。粤菜在汉、魏、南北朝时已见于文献，清末驰名于海内外。由于粤菜自秦汉以后广受中原文化的影响，加之近代又汲取西餐技艺之长，经融会贯通而形成了今天具有鲜明地方特色的风味流派。

粤菜由广州菜、潮州菜、东江菜组成，以广州菜为代表。广州菜包括珠江三角洲各市、县及肇庆、韶关、湛江等地在内的菜肴。其特点是用料广博奇异，选料精细，野味肴馔甚多。

广州菜烹调技法多样善变，风味清鲜，注重菜质，力求本色原味；潮州菜风格自成一派，刀工精细，注重造型，口味清醇，以烹制海鲜见长，甜菜荤菜更具特点；东江菜（即客家菜）多以家养禽畜为原料，较少使用水产品，菜肴主料突出、量大，造型古朴，口味偏咸，力求酥烂香浓，尤以砂锅菜著称。粤菜的代表名菜有蚝油牛肉、柠汁煎鸭脯、百花清汤肚、金龙乳猪、三色龙虾等。

5. 北京菜的特点

北京菜又称京菜。京菜融合了汉族、蒙古族、满族、回族等民族的烹饪技艺，吸收了全国主要地方的风味，尤其是山东风味，形成了自己的特色。北京菜式样繁多，调味精细，菜肴质地讲究酥、脆、鲜、嫩。北京是多个朝代的都城所在地，名人志士的往来为北京菜的发展奠定了一定的基础，同时国际交往的日益广泛也使北京菜更加完善。其代表名菜有三元牛头、炒芙蓉鸡片、挂炉烤鸭、三不沾、罗汉大虾等。

6. 上海菜的特点

上海菜是我国江南一带的代表菜肴，上海菜以本帮菜为主，融合了京、鲁、扬、苏、锡、川、广、闽、杭、甬、豫、徽、湘等肴馔及素菜、清真菜和西餐等的特色风味，适合各方人士的口味需求。上海菜的口味注重真味，讲究清淡而多层次，质感鲜明，款式新颖、精致，由此形成了引导趋势的海派风格。其代表名菜有鸡汁排翅、松仁鱼米、炒蟹黄油、炒素鳝丝、扣三丝、灌汤虾球等。

7. 福建菜的特点

福建菜也称闽菜，起源于闽侯县，由福州菜、厦门菜、泉州菜等地方菜组成。福州菜清鲜、淡爽、偏于甜酸；厦门菜讲究调料、善用甜辣；泉州菜稍偏咸辣。福建菜汇集三路菜之长于一身。福建地处沿海一带，因此福建菜以烹饪山珍海味而著称。福建菜以清鲜、醇、荤香不腻为其风味特色，制汤有"一汤十变"之誉。福建菜在全国著名菜肴中别具一格，在中国的烹调史上也占有重要地位。其代表名菜有荷包鱼翅、白炒龙虾片、鲟鱼煨鱼肚、佛跳墙、白炒香螺片、莲蓬过鱼等。

8. 河南菜的特点

河南菜又称豫菜，具有鲜香清淡、四季分明、色彩典雅、质味适中的风味特色，菜肴调味匀和，适应八方食客的口味要求。其代表名菜有清汤荷花莲蓬鸡、三鲜铁锅烤蛋、奶汤炖广肚、芙蓉海参、玉珠双珍、兰花竹荪等。

9. 湖南菜的特点

湖南菜又称湘菜，以湘江流域、洞庭湖区、湘西山区三种地方风味为主，并以湘江流域为代表，风味重鲜香、酸辣。洞庭湖区，其菜讲究芡大油厚、咸辣香软；湘西山区擅制山珍野味，注重咸香酸辣，山乡风味浓郁。由此形成了湘菜讲究入味、重酸辣、鲜香、软嫩的特点，其代表名菜有红煨八宝鸡、荷花鱼肚、腊味合蒸、鸡汁透味参鲍、柴把桂鱼、香酥嫩斑鸠等。

10. 陕西菜的特点

陕西菜也称秦菜，由关中菜、陕北菜、汉中菜组成。关中菜料重味浓，香肥酥烂；陕北菜以滚熟软烂而著称；汉中菜味多鲜而辣，近于川味。陕西菜形成了调味突出主味、味纯正而主次分明、以酸辣为长的特点，并影响着我国西北地区的菜肴特色。其代表名菜有麻辣羊肝、鸡米海参、青衣仙子、草堂八素、三皮丝等。

11. 山西菜的特点

山西菜也称晋菜。山西既有山珍特产，又有鱼虾水产，使烹饪菜肴别有天地。山西菜由太原菜、运城菜、临汾菜、五台菜组成。太原菜兼收南北之长，以咸味为主，酸甜为辅，菜肴重色、重味，多具清淡、酥烂、香酥的特点；运城菜、临汾菜讲究鲜味；大同、五台山为佛教圣地，盛产山珍，菜肴讲究清淡素雅，并重色、重油。山西菜的代表菜有香酥鸭、奶油扒龙须菜、金钱口蘑、金丝吊葫芦、五彩里脊丝、百花珍珠鱼等。

12. 清真菜的特点

清真菜又称回族菜，是信奉伊斯兰教的民族的肴馔总称。目前盛行的清真菜，主要由西北地区的清真菜、华北地区的清真菜及西南地区的清真菜组成，同时也包括新疆维吾尔族等少数民族的菜肴。由于组成地域广阔，民族众多，因此清真菜具有菜肴品种繁多、氛围独特的特点。其味清鲜而不寡淡，风格古朴典雅，因此深受其他各族人民的喜爱。其代表菜有它似蜜、桃仁肉卷、玉米全烩、鸡肚爆、扒羊肉条、烧牛尾等。

练习题

一、单选题

1. 广东人的饮食特点是菜肴以（　　　）为适口。
　　A. 清淡少油，重色彩，讲味道　　　　B. 咸、鲜、麻、辣、浓
　　C. 口味稍重，油大偏咸　　　　　　　D. 口味清淡，香脆

2. 四川人的饮食特点是（　　　）。
　　A. 菜肴口味以咸、鲜、麻、辣、浓味为适口
　　B. 菜肴调味以甜为主，酸辣次之
　　C. 不爱吃泡菜
　　D. 菜肴口味以微苦、麻、辣、浓味为适口

3. 河南菜具有鲜香清淡、四季分明、色彩典雅、质味（　　　）的风味特色。
　　A. 鲜艳　　　　　B. 浓厚　　　　　C. 分明　　　　　D. 适中

4. （　　）不是湖南菜的特点。

    A. 讲究入味　　　　B. 重酸辣　　　　　C. 鲜香　　　　　　D. 清淡素雅

5. 陕西菜调味突出主味，味纯正而主次分明，以酸辣为长的特点，并影响我国（　　）地区的菜肴特色。

    A. 西北　　　　　　B. 东北　　　　　　C. 华北　　　　　　D. 华中

6. 蒙古族牧区人夏天喜欢饮（　　）。

    A. 青稞啤酒　　　　B. 酥油茶　　　　　C. 马奶酒　　　　　D. 咖啡

7. 日本料理的特点是以鱼、虾、贝等鲜活产品为烹调原料，并有（　　）食用方法。

    A. 焗、冷、生、熟　　　　　　　　　　B. 生、熟、冷、糟

    C. 糟、扒、生、冷　　　　　　　　　　D. 冷、热、生、熟

8. 以烹调方法独特多样，长于制汤，讲究用汤为主要特色的菜系是（　　）。

    A. 东北菜　　　　　B. 济南菜　　　　　C. 上海菜　　　　　D. 淮扬菜

9. 四川菜主要由成都菜、重庆菜、自贡菜和（　　）菜组成。

    A. 道教　　　　　　B. 佛斋　　　　　　C. 宫廷　　　　　　D. 清真

10. 京菜融合了（　　）族、蒙古族、满族、回族等民族的烹饪技艺，吸收了全国主要地方风味，尤其是山东风味，形成了自己的特色。

    A. 藏　　　　　　　B. 汉　　　　　　　C. 壮　　　　　　　D. 土家

二、判断题

1. （　　）傣族人吃饭时不喝酒，而是在饭后或空闲时饮用。

2. （　　）美国人烹制菜肴时喜欢加醋。

3. （　　）肉夹馍是北京小吃。

4. （　　）东北人饮食特点是口味嗜肥、浓、腥、膻、重油偏咸。

5. （　　）口味清爽、菜肴量少而精、讲究营养成分是英国人的口味特点。

6. （　　）美国人不使用酱油。

7. （　　）济南菜以省会烟台为中心，以烹调丰富独特多样、制作精细、长于制汤为主要特色。

8. （　　）湖南菜讲究入味，形成了重酸辣、鲜香、软嫩的特色。

餐饮服务接待知识

精讲 ① 西餐餐饮服务流程

1. **西餐零点服务的特点**

西餐零点服务的特点包括三个方面：第一是客人依据餐单订餐；第二是注重质量标准，以获得稳定的客源；第三是零点服务时间性强。

2. **西餐接受客人预订时的注意事项**

预订方式有电话预订和客人来餐厅预订两种方式。不论哪种预订方式，领位员都要熟练地回答客人的问题，积极地向客人提出就餐建议，并准确地记录客人姓名、用餐时间、用餐人数与特殊要求。

3. **客人来到餐厅时领位员首先要做的工作**

客人来到餐厅时，领位员首先应热情地问候客人，如果客人是常客应道出其姓氏，然后确认客人的预订信息，引领客人到位。引领客人时，领位员应走在客人左前方，保持1—1.5m 的距离，来到餐台前，协助客人入座，并将客人介绍给餐厅服务员。

4. **向客人递送菜单的方法**

餐厅服务员按客人人数呈送相应数量的菜单。当客人入座后，餐厅服务员打开菜单的第一页，站在客人的左侧，按先宾后主、女士优先的原则，依次将菜单送至客人的手中，同时用礼貌的语气对客人说："先生（女士），请看菜单。"

5. **西餐零点订餐前的工作**

客人看菜单时，餐厅服务员应向客人征询是否需要提供餐前酒、鸡尾酒服务，并准确记录客人所需要的酒。3—5 分钟后，用托盘从客人右侧向其提供餐前酒服务。服务餐前酒以后，应撤去多余的餐具，并从客人的左侧送上新鲜面包和冷冻黄油。

6. **西餐零点订牛排的服务方法**

餐厅服务员向客人介绍菜单内容，回答客人的问题，帮助客人选择食品，对客人的特殊要求给予积极的回应，准确记录客人所订的食品，并重述订单以确认。

客人订牛排、羊排时，餐厅服务员应询问客人喜欢吃老的还是嫩的，厨师要依照客人的喜好来烹饪。牛排的成熟度有四种：全熟、八分熟、半熟和三成熟。

客人在订蔬菜沙拉时，餐厅服务员应询问客人配何种沙拉汁。蔬菜沙拉汁有千岛汁、法式汁、油醋汁和奶酪沙拉汁。这几种汁是厨师已经制好放凉的，用时浇在沙拉上即可。除此之外，还有一些食品也需要询问客人的要求。订单完成后，将订单送交厨房，并准确传递有关客人对食品的特殊要求。

7. 西餐零点佐餐葡萄酒的服务

客人订完食品后，餐厅服务员要主动为客人推荐与客人所订菜肴相适合的葡萄酒，并提供葡萄酒的展示、开启、品评酒质、斟酒等服务。

8. 西餐零点订餐后餐具摆放的位置

餐厅服务员根据客人所订的食品摆放餐具，按照每位客人所订菜肴的上菜顺序摆放刀、叉、勺。最先食用的菜肴的餐具放在最外侧，其他餐具按顺序依次向里侧摆放。

9. 西餐零点服务头盘的方法

餐厅服务员必须为客人提供新鲜面包和冷冻黄油，并使用清洁的面包篮和黄油碟。头盘有冷、热之分，应注意凉菜要凉，热菜要热，并用相应温度的餐盘。先给女士和贵宾上菜，从客人的右侧为客人上菜。对于同一餐台的客人，应在同一时间内按客人订单的内容准确地将菜分别送到每位客人的面前。客人全部放下刀、叉后，询问客人是否可以撤盘，得到客人允许后，从客人的右侧将盘和刀、叉一起撤下。头盘与下一道菜不应中断，因此，应在客人开始享用头盘数分钟后，请厨师制作下一道菜。

10. 西餐零点服务汤的要求

服务汤时，汤盘应配垫盘。餐厅服务员应小心地把汤放在客人面前，并准确报出汤的名字。对于同一餐台的客人，应同时提供汤服务。客人用完汤后，征得客人同意，从客人右侧将汤盘连同垫盘和汤勺一同撤下。

图 4-1 西餐零点服务

11. 西餐零点服务主菜的注意事项

（1）上主菜以前，要提供系列的餐中服务。如客人需要黄油和面包时，应为客人添加时。客人酒杯里的酒仅剩 1/3 时，要为客人添加酒。客人用餐时，也要随时为客人添加茶。

（2）服务主盘时，要准确地按照订单为客人上菜，不能再次询问客人。上菜时，右手拇指根部卡住盘边，按先宾后主的原则，从客人右侧服务。如餐盘过热，应提示客人注意。从客人右侧服务各种配汁、配菜及调料，服务容器的底部要垫花纸和面包盘。

（3）待客人全部放下刀、叉后，征得客人的同意，将盘和刀、叉从客人右侧撤下。

12. 西餐零点服务甜点的注意事项

客人用完主菜后，应为客人提供甜点菜单以供选择。客人订完甜点后，从客人右侧为其摆上甜点叉、勺，叉在左侧，勺在右侧。服务甜点时，从客人右侧用右手从托盘中取出甜点，将甜点摆在客人餐盘的正中，并告诉客人甜点的名称。

13. 西餐零点服务咖啡的注意事项

为客人服务咖啡时，应先将糖盅、奶罐摆放在客人的餐台上。糖盅内应该放三种糖：白砂糖、咖啡糖和减肥糖。糖必须保证新鲜，无结块，糖量为盅容量的 4/5。奶罐内应注入新鲜的冷冻淡奶，如客人要求用鲜奶，则应为客人准备鲜奶。咖啡用具要配合使用，咖啡杯摆在咖啡碟上，杯柄朝右下方，咖啡勺斜放于咖啡杯右上侧。

14. 西餐零点结账时的要求

餐厅服务员应用适当的方式把账单送给客人，并按服务程序请客人结账。结账时应真诚地感谢客人的惠顾。当客人准备离开餐厅时，应协助客人挪开座椅，并表示欢迎客人再次光临。

精讲 ② 宴会组织与服务知识

1. 宴会服务的岗位设置

宴会设置的服务岗位有迎宾服务员、看台服务员、传菜服务员及宴会指挥员等。

2. 中餐宴会服务员的配置

中档中餐宴会，一般 1 名看台服务员要为 10 位客人提供餐台的就餐服务，1 名传菜服务员要为 20 位客人提供传菜服务，1 名迎宾服务员要为 20—50 位客人提供引位、迎送服务。

高档中餐宴会，一般 1 名看台服务员要为 10 位客人提供餐台的就餐服务，1 名传菜服务员要为 10 位客人提供传菜服务，1 名迎宾服务员开餐前要为 10—20 位客人提供迎接与引位服务，送客时要为 10—30 位客人提供服务。

如遇到重要宴会时，应设专门的迎宾服务员，负责专人的迎送服务。

3. 西餐宴会服务员的配置

西餐宴会服务中，看台服务员可分为斟酒服务员和菜肴分让服务员，他们的平均工作量是每人负责 5 位左右的客人。传菜服务员和迎宾服务员的工作量基本与中餐宴会相近。

4. 看台服务员对宴会"八知三了解"的内容

看台服务员在宴会开始前应做到"八知三了解"。"八知"即知人数、知台数、知宴会标准、知开餐时间、知菜肴品种和出菜顺序、知主办单位（如客人住本店应知其房间号）、知邀请对象、知收费办法。"三了解"即了解宾客风俗习惯、了解宾客生活忌讳、了解宾客特殊要求。

5. 传菜服务员的工作职责

传菜服务员应做到服从指挥，统一行动。工作职责如下：

（1）餐前协同看台服务员做好各项准备工作，准备好传菜工具。掌握宴会服务的"八知三了解"的各项内容。

（2）及时将菜肴、点心、水果等送到看台服务员的手中，做到不错、不漏、不提前、不落后。

（3）餐中协助看台服务员做好联系，协助整理菜台、服务桌，当好助手。

（4）注意个人的仪表着装，保持干净、整洁。

6. 宴会指挥员的工作职责

（1）将宴会的各种情况了解清楚，掌握宴会前的全部准备工作。

（2）认真审阅宴会菜单，拟订宴会服务的组织方案和具体服务措施。

（3）根据主办单位的要求，确定宴会场地的布置形式、布置的具体时间，并指挥落实。

（4）与有关部门协调配合。

（5）根据宴会的标准，拟订宴会成本核算单，拟订酒水饮品所需种类和数量。

（6）筹备宴会所使用的餐具、酒具及其他所需物品。

（7）确定各服务区域负责人和贵宾席、主宾席的服务人员及其他岗位的人员名单。

（8）向饭店有关领导汇报宴会组织安排情况。

7. 宴会场地布置要求

高档宴会布置场地时，要考虑到宴会的规格、标准、性质、目的及参加宴会的宾客的身份等情况，使场地的布置既能反映出宴请的目的，又要使宾客进入厅堂后有清新、舒适的感受，能够体现高档次、高质量、高水平的服务。

8. 高档宴会摆台要求

高档宴会摆台要做到：餐具摆放要规格化；各种餐具、酒具齐全、卫生、无破损；餐巾折花的折叠和摆放要美观，符合宴会要求；台面的布局要合理，花草摆放要规范。

图 4 - 2　高级宴会摆台

9. 宴会前安全检查的要求

为保证宴会顺利进行，保证参加宴会的宾客的安全，必须进行安全检查。主要内容包括：

（1）检查宴会厅的各出入口有无障碍物。

（2）检查安全门的标志是否清晰。

（3）检查洗手间的一切用品是否齐全、完好。

（4）检查各种灭火器是否按规定位置摆放，灭火器周围有无障碍物。

（5）检查宴会场地餐桌椅等家具是否牢固可靠。

（6）检查地面有无水迹、油渍等。如新打蜡的地面应立即磨光，以免客人滑倒。

（7）查看地毯缝处对接是否平展，如不平展要及时修整。

（8）检查宴会需用的酒精、固体燃料等易燃品是否有专人负责，放置的地点是否安全可靠。

10. 宴会前卫生检查的要求

（1）重点检查宴会服务人员的个人卫生情况以及是否按规定着装，有无违反仪表仪容要求的做法。

（2）进行餐酒用具卫生检查、餐厅环境卫生检查及菜肴食品卫生检查等。

11. 宴会设计的作用

宴会设计具有计划作用、指挥作用和保证作用。

12 宴会设计的要求

宴会设计的要求是突出主题、特色鲜明、安全舒适、美观和谐、核算科学。

13. 宴会设计的基本要素

（1）人。包括设计者及餐厅服务人员、厨师、宴会主人、宴会来宾等。

（2）物。指宴会举办过程中所需要的各种物资设备。

（3）境。指宴会举办的环境，包括自然环境和建筑装饰环境等。

（4）时。指时间因素，包括季节、订餐时间、举办时间、宴会持续时间、各环节协调时间等。

（5）事。指宴会为何事而办，为了达到何种目的等。

14. 宴会设计的内容

宴会设计包括场景设计、台面设计、菜谱设计、酒水设计、服务及程序设计、安全设计和宴会娱乐设计七方面的内容。

15. 宴会设计的步骤

（1）获取信息。

（2）分析研究。

（3）制定草案。

（4）讨论修改。

（5）下达执行。

16. 宴会设计人员应具备的知识

宴会设计人员应该具有丰富的餐饮服务、烹饪、成本核算、营养卫生、饮食服务心理学、美学、文学、民俗学、历史学和管理学等综合性知识。

精讲 ❸ 对客服务方法

一、客人就餐消费类型

1. 客人消费心理需求的具体内容

大多数客人的消费心理需求具体包括：要求饮食品干净卫生，要求得到尊重，要求饮食品符合口味，要求得到快捷的服务，要求饮食品价格实惠，要求餐厅环境雅静舒适等。

2. 生理性消费类型的特点

生理性消费类型就是必需的饮食消费，消费的是餐饮消费场所提供的能够直接食用的食物。这种消费类型是以吃饱和满足生理要求为目的，多为单一的个体购买，属于经济型，是必需的、自动的消费类型。

3. 理智性消费类型的特点

理智性消费类型的目的性很强，是为了达到某个目的而产生的消费需求，如祝寿宴、迎宾宴、婚宴、节日宴等。这种消费类型的消费者对餐厅用餐环境及食品的规格、品种、价格都有所选择，对服务的优劣非常在意，在消费的标准上有很强的计划性，在时间上具有规律性。

4. 非计划性消费类型的特点

非计划性消费类型的情况比较复杂，往往是临时决定的饮食消费活动。例如，老同学、老同事、老战友很久没有见面，偶然相遇又恰逢吃饭时间；有的是因新的饮食企业开张营业，有了创新菜肴，或是有了新的服务方式等而来尝鲜。这些情况都将促成非计划性的饮食消费。非计划性的饮食消费对消费者来说不是生活必需的，从心理上讲是请客和品味兼而有之，比较讲究排场。饮食企业对这种消费是难以预测和掌握的，因其偶然性多于规律性，饮食企业的管理人员若注意观察、调查、研究这一类消费类型，搞好其服务工作也是不难的。

5. 性急求快客人的特点

性急求快客人容易心情急迫，甚至烦躁易怒。餐厅服务员要坚持耐心服务，以准确、娴熟的服务做好接待工作，并注意及时结账。餐饮接待服务工作不但要满足宾客的物质需求，还要满足他们的精神需求。

二、对客服务方法

1. 对性急求快客人的服务方法

对待性急求快客人，服务要突出一个"快"字，这样的客人时间观念强，要求速战速决，一般在价格、品种上不太计较，但在时间上要求快。餐厅服务员应配合客人的快节奏，从找座位、开菜单、上酒水直至通知厨房出菜，均需突出一个"快"字。同时可以向客人推荐快餐食品或半成品。

2. 对寻求环境幽雅客人的服务方法

寻求环境幽雅客人的餐饮目的不单纯是饮食，他们主要是想寻求环境幽雅的空间，延伸社会生活、寻求良好的人际关系，得到身心愉悦。因此，对待寻求环境幽雅客人，服务要突出一个"静"字。餐厅服务员应为他们选择幽雅的空间、柔和的光线，适时配以轻柔的音乐，以增强氛围，让客人感到温馨舒适、便于交流。

3. 对寻求知识客人的服务方法

对待寻求知识客人，服务要突出"文化"二字。有一些国内外宾客对中国餐饮情有独钟，一方面想交流烹饪技艺，另一方面想了解中国菜肴的历史渊源，他们对菜系的烹调方法、逸闻趣事很感兴趣，餐厅服务员要向这样的客人介绍餐厅历史、菜肴典故、经营特色及风土人情。

4. 为满足客人求知求新的心理需求应掌握的知识

来餐厅用餐的客人，特别是来当地旅游的客人很希望了解当地菜肴的特点。为满足客人的求知心理，餐厅服务员应熟练掌握餐厅菜单内各式菜肴的名称、用料、配料、烹调制作方法、食用方法，对于有历史典故的菜肴要了解清楚，对于有食疗价值的菜肴要能讲出对人体的益处。特别是当餐厅推出特色菜肴和每日时菜时，餐厅服务员必须立即掌握。只有这样，才能在提供点菜服务时进行充分介绍，在回答客人的各种询问时应答自如。有些餐厅为了满足客人对菜肴求知的心理，还在餐厅内安设炉灶，挂上菜牌，请客人当场点菜，现时烹调，让客人观看制作的全过程。

求新也是客人的一种心理需求。住在饭店的常客，包括团队客人，如果总是在一个餐厅内用同样的餐食，时间稍长自然会产生一种乏味的心理，想换一换口味。餐饮部门应该满足客人的这种需求，计划性、周期性地安排更换菜单，为客人提供一些新鲜的菜肴，让他们感到菜肴有变化、有吸引力，而不是千篇一律。

5. 满足客人受尊重心理的具体服务方法

服务中要突出一个"敬"字。当客人进餐中出现失误时，餐厅服务员应视而不见，或体面地帮助其摆脱困境，或者避开。对生理有缺陷的客人，应加倍给予关照，让客人体验到热情周到的服务，保护自身尊严。为此，餐厅服务员应在服务的全过程中，突出敬语服务，尊敬客人。

餐厅服务员在服务中能否得到客人的赞许或认可，很大程度上取决于餐厅服务员是否懂得保护、满足客人的自尊心。为此，餐厅服务员在服务时必须注意以下几个方面：

（1）整洁的仪表仪容，这是对客人无声的尊重。

（2）注意服务敬语的使用。餐厅服务员使用的服务敬语应规范、到位，"请、谢谢、对不起"等用语应该挂在口头。使用服务敬语要得体、婉转、谦恭。从客人进入餐厅的第一句问候开始，一直用到客人用餐完毕离开餐厅，每一个服务环节都要使用规范的、经过仔细斟酌的服务敬语。

（3）引领和安排座位时也应满足客人自尊的需求。

（4）满足客人的自尊心要表现在餐厅服务员的服务操作上。

（5）了解为客人服务时的先后顺序。了解服务顺序表明餐厅服务员懂得礼宾要求，是受过培训的，这也是对客人的一种尊重。

（6）餐厅服务员应该认真领会"客人总是对的"这句话的真正含义。服务中会遇到各种不同的客人，餐厅服务员应时刻从尊重客人的角度出发，把"对"让给客人，这其实就是对客人最好的尊重。

6. 竭诚为客人服务的含义

服务中要突出一个"超"字，随着餐饮市场竞争日益激烈，餐厅服务员在为宾客服务时，要树立"超前服务"的意识，一切想在客人预料之前，使客人有宾至如归之感。

7. 采取灵活服务方式的原因

在服务接待中，由于用餐形式、标准、目的的不同，常会遇到宾客提出一些具体要求的情况，对此，在经营范围许可的情况下，餐厅服务员要采取灵活服务方式满足宾客的要求。

8. 餐厅服务员提供"超前服务"的具体内容

餐厅服务员要树立"超前服务"的意识，如雨天为客人备伞，雪天为客人铺路防滑，平时为客人擦洗车辆，为带小孩的客人照看小孩，为外地客人提供旅游指南，为带行李的客人提取重物等，使宾客有宾至如归之感。

9. 餐厅服务员运用语言表示情感因素的重要性

由于餐厅服务的对象是广大宾客，因此情感因素具有很大的作用。客人的情感对餐饮企业具有十分重要的意义，餐厅服务员运用好语言艺术的情感因素，可以提高企业效益。

10. 餐厅服务员真诚表达美好情感的方式

餐厅服务员应运用语言真诚地表达美好情感。为创造一流的服务，餐厅服务员应广泛运用有声语音和形体语言的种种情感要素，通过语言、表情、手势的选择和具有感情色彩的词汇的运用，以及微笑等形体语言的表露，真诚表达美好的情感。

11. 常用服务语言的语言要素

常用服务语言的语言要素包括表谦表敬的谦词敬语、庄重典雅的措辞、亲切柔和的语调，以及温和委婉的语气等。餐厅服务员要养成文明用语的习惯，不断提高语言艺术。

12. 使用服务用语时要注意的问题

（1）服务用语应真诚质朴、亲切大方，力戒轻率怠慢、模棱两可。

（2）服务用语应直言明快，不宜隐隐约约、吞吞吐吐。

（3）服务用语应自斟语句、话语稳重，不要信口开河。

（4）语言艺术要注意性别、年龄、心理、环境等多种因素。

练习题

一、单选题

1. 西餐零点服务上汤时，汤盘应配（   ）。

    A. 垫盘　　　　　B. 餐巾　　　　　C. 毛巾　　　　　D. 茶勺

2. （   ）不属于西餐零点服务的特点。

    A. 客人依据菜单订餐　　　　　　B. 注重质量标准

    C. 客人享用高档白酒　　　　　　D. 时间性强

3. 西餐零点服务餐厅服务员为客人送菜单时要按照先宾后主、（   ）。

    A. 老人优先的原则　　　　　　　B. 女士优先的原则

    C. 小孩优先的原则　　　　　　　D. 主人优先的原则

4. 西餐服务客人看菜单时，餐厅服务员应向客人（   ）提供餐前酒、鸡尾酒服务。

    A. 强制推销　　　B. 征询是否需要　　C. 禁止　　　　　D. 命令接受

5. 西餐零点服务中，当客人订餐时，餐厅服务员要告诉客人牛排在烹调时有四种成熟度，是全熟、八成熟、半熟和（   ）。

    A. 过熟　　　　　B. 三成熟　　　　C. 一成熟　　　　D. 四成熟

6. 客人在订了葡萄酒之后，餐厅服务员要提供葡萄酒的展示、（   ）、品评酒质、斟酒等服务。

    A. 推荐　　　　　B. 定价　　　　　C. 擦瓶　　　　　D. 开启

7. 西餐服务中，服务员根据客人所定的食品摆放餐具，要求是（   ）。

    A. 最先食用菜肴的餐具摆放最里侧，其他餐具放在外侧

    B. 最先食用菜肴的餐具摆放最外侧，其他餐具放在里侧

    C. 最先食用菜肴的餐具摆放最外侧，其他餐具按顺序依次向里侧摆放

    D. 按照客人的要求摆放

8. 西餐零点服务头盘，撤盘时做法正确的是（   ）。

    A. 一位客人吃完后，就撤去一位客人的餐具

    B. 待客人全部放下刀、叉后，先询问得到允许后撤下

    C. 待客人全部放下刀、叉后，无须询问立即撤下

    D. 待客人全部放下刀、叉后，等客人招呼服务员后才能撤下

9. 西餐零点服务甜点前，餐厅服务员应先将（   ）摆在客人的左手一侧。

    A. 主菜刀　　　　B. 主菜叉　　　　C. 甜点勺　　　　D. 汤勺

10. 西餐零点餐后客人要求结账时，餐厅服务员做法不对的是（   ）。

    A. 真诚感谢客人的惠顾　　　　　B. 按程序请客人结账

    C. 让客人自取账单以确保准确　　D. 用适当的方式把账单给客人

11. （ ）是主题宴会摆台的最基本的元素。

    A. 餐酒用具　　　　B. 装饰物　　　　C. 创新　　　　D. 服务

12. 中餐主题宴会的餐台宜选用直径在（ ）左右的圆台。

    A. 1. 5m　　　　B. 1. 6m　　　　C. 1. 8m　　　　D. 1. 2m

13. 西餐宴会餐台的点心用餐具摆放在垫盆摆放位置的（ ）。

    A. 上方　　　　B. 下方　　　　C. 左边　　　　D. 右边

14. 西餐宴会的餐具从美化餐桌角度上说，一般不宜超过（ ）套。

    A. 3　　　　B. 4　　　　C. 5　　　　D. 6

15. 西餐宴会的酒杯的种类一般不超过（ ）种。

    A. 2　　　　B. 3　　　　C. 4　　　　D. 5

16. 下列选项中对宴会设计的表述错误的是（ ）。

    A. 宴会设计的主要依据是顾客的要求、承办酒店的物质条件和技术条件等

    B. 宴会设计主要是对宴会场景、宴席台面、宴会菜单及宴会服务程序等进行统筹规划

    C. 宴会设计既是标准设计，又是活动设计

    D. 所谓标准设计，是对宴会这种特殊的宴饮社交活动方案进行的策划、设计

17. 宴会设计方案就是宴饮活动的（ ）。

    A. 计划书　　　　B. 菜单　　　　C. 环境布置方式　　　D. 顺序单

18. 宴会设计书可以让厨师、服务员等根据已设计的质量标准去做，是指计划书具有（ ）质量作用。

    A. 计划　　　　B. 指挥　　　　C. 保证　　　　D. 协调

19. 宴会设计从其目的来看，可分为效果设计和成本设计，下列选项中不属于效果设计的是（ ）。

    A. 突出主题　　　　B. 特色鲜明　　　　C. 安全舒适　　　　D. 精确核算

20. 宴会设计的宗旨是（ ）

    A. 突出主题　　　　B. 特色鲜明　　　　C. 安全舒适　　　　D. 核算科学

21. 餐厅服务员是宴会（ ）

    A. 菜品的生产者　　　　　　　B. 设计方案的具体实施者

    C. 宴会产品的购买者　　　　　D. 宴会的消费者

22. 餐厅中的桌、椅、餐具、饰品、厨房炊具、食品原料等是宴会设计基本要素中（ ）的具体体现，因此宴会设计必须紧紧围绕这些硬件条件进行。

    A. 人　　　　B. 物　　　　C. 境　　　　D. 事

23. 宴席周围的布局、装饰以及桌子的摆放，都属于宴会的（ ）。

    A. 场景设计　　　B. 台面设计　　　C. 服务及程序设计　　D. 安全设计

24. 宴会的（ ）是必要的，但目的不是突出宴会主题。

    A. 场景设计　　　B. 台面设计　　　C. 服务及程序设计　　D. 安全设计

25. 进行宴会设计的第一个步骤应该是（　　）。

    A. 分析研究　　　　　B. 获取信息　　　　　C. 制定草案　　　　　D. 下达执行

二、判断题

1. （　　）西餐服务员为客人提供餐前酒服务之后，再从客人的左侧送上新鲜面包和冷冻黄油。

2. （　　）餐厅服务员在服务态度上不能挑剔、讥笑客人。

3. （　　）西餐零点餐后结账，餐厅服务员送账单的方式很有讲究，同时要按照服务程序请客人结账。

4. （　　）宴会看台服务员要做到的"三了解"之一是了解宾客的特殊要求。

5. （　　）西餐零点服务头盘时，同一餐桌的客人应根据客人的不同进餐速度先后将菜肴送到客人面前。

6. （　　）宴会设计即宴会标准设计，是对宴会这个特殊商品的质量标准进行的设计。

7. （　　）菜点质量标准不属于宴会设计范畴。

8. （　　）从一定意义上讲，宴会设计方案就像一根指挥棒，指挥着厨师、服务员等根据已设计的质量标准去做，确保宴会质量。

9. （　　）宴会设计方案就是宴饮活动的计划书，它对宴饮活动的内容、程序、形式等起到了计划作用。

10. （　　）宴会设计基本要素中的"事"主要指宴会举办过程中所需要的各种物资设备，这是宴会设计的前提和基础。

11. （　　）宴会设计中，环境因素主要是指宴会举办的环境，包括自然环境和建筑装饰环境等。

12. （　　）宴会来宾是宴会最主要的消费者，因此宴会设计时一定要考虑迎合来宾的爱好，满足来宾的要求。

13. （　　）婚宴目的是庆贺喜结良缘，设计时要突出沟通、友好、私密的主题气氛。

14. （　　）宴会设计贵在特色，可通过菜点、酒水、服务方式、娱乐、场景布局或台面上来表现。

模块 ⑤

酒水饮料和插花知识

精讲 ① 酒水饮料和用具管理知识

一、酒水知识

1. 餐厅服务员对酒品质量感官鉴定的方法

餐厅服务员通过看酒色、嗅酒味、品酒体等感官鉴定方法，迅速地对所出售的酒水进行优劣鉴定，从而为顾客提供优质的酒水服务。

（1）高档优质酱香型白酒"香"的质量标准。酱香突出，优雅细腻，空杯留香持久，是高档优质酱香型白酒"香"的质量称准。

（2）高档优质黄酒酒色的质量标准。酒液橙黄色至深褐色，清凉透明，有正常的瓶底聚积物，是高档优质黄酒酒色的质量标准。

（3）高档优质黄啤酒泡沫的质量标准。泡沫多，持久，洁白细腻，是高档优质黄啤酒泡沫的质量标准。

2. 中国白酒的主要类型

中国白酒是世界著名的六大蒸馏酒之一，其余五种为白兰地、威士忌、朗姆酒、伏特加和金酒。这里主要介绍茅台酒、五粮液、泸州老窖特曲等几种类型的白酒。

（1）茅台酒是酱香型白酒，茅台酒酒液纯洁微黄、晶莹透亮、酱香突出、优雅细腻，香气成分有110多种，柔和醇厚、不刺喉咙、不上头、回味悠长，饮后空杯能长时间余香不散，故又称为"留香酒"，茅台酒的乙醇含量有38°、52°和53°三种。

（2）五粮液产于四川省宜宾市五粮液酒厂。五粮液以红高粱、糯米、大米、小麦及玉米等为原料，用小麦制曲，故又称为"杂粮酒"。五粮液的乙醇含量有38°和58°两种。

（3）泸州老窖特曲属于浓香型大曲酒类，它以糯米、高粱为主要原料，它的特点是酒液无色、晶莹透明，酒香芬芳、醇香馥郁、口味纯正、清冽甘爽，酒味协调纯浓，饮后余香悠长。泸州老窖特曲的乙醇含量有38°和60°两种。

（4）汾酒产于山西省汾阳市杏花村汾酒厂，汾酒以名为"一把抓"的高粱为主要原料，用大麦和豌豆制曲，属于清香型白酒。酒液清澈透明、清香馥郁，入口绵柔甘冽、香甜醇厚，饮后爽口、回味悠长。因此被誉为色、香、味俱佳的美酒。汾酒的乙醇含量为60°。

（5）杜康酒的名称源于其始造者的姓名。它以糯高粱为主要原料，用小麦制曲，属浓香型酒。杜康酒的乙醇含量为60°。

（6）董酒以糯高粱为酿造原料，并加入中药材的大曲和小曲。董酒的乙醇含量为58°—60°。

3. 其他种类的酒水

（1）烟台红葡萄酒。烟台红葡萄酒属甜型玫瑰红葡萄酒。烟台红葡萄酒的乙醇含量为15.5°—16.5°，酒液颜色鲜艳，为红宝石色。

（2）沙城白葡萄酒。沙城白葡萄酒产于河北县沙城酒厂。

（3）特制五星啤酒。特制五星啤酒的乙醇含量为3.5°。

（4）味美思酒。味美思酒是以葡萄酒为基酒，配以白兰地，再加入其他原料制成。

（5）绍兴加饭酒。绍兴加饭酒的乙醇含量为17°—18°。

4. 法国名酒名称监制制度

法国政府于1935年7月30日颁布的法律中规定，凡是法国生产的质地优良、享有盛誉的著名品牌酒均受到国家法律保护，同时建立了法国名酒名称监制制度。这条法律确保了法国著名品牌葡萄酒的商业地位，并为法国所酿制葡萄酒的等级分类、识别酒质优劣提供了依据。现在，凡是葡萄酒商标上标有"名称监制"印记的葡萄酒，均是法国生产的真正合格的著名品牌葡萄酒。

5. 外国葡萄酒的分类方法

外国葡萄酒的分类方法包括按酒的含糖量分类，按酒是否含二氧化碳分类，以及按酒的色泽分类等几种。

（1）按酒的含糖量分类可分为干型、半干型、甜型、半甜型四类。其中酒含糖量大于50.1g/L的是甜型，含糖量为12.1—50g/L的是半甜型，含糖量小于4g/L的是干型，含糖量为4.1—12g/L的是半干型。

（2）按酒是否含二氧化碳分类可分为静酒、香槟酒、起泡葡萄酒和葡萄汽酒。

（3）按酒的色泽分类可分为红葡萄酒、桃红葡萄酒和白葡萄酒三种。

6. 红葡萄酒的酿造

红葡萄酒是用红葡萄和黑葡萄酿制而成。它可带皮进行主发酵或纯汁发酵。发酵时间依葡萄品种、酿酒风格及产地的传统而定。葡萄在发酵期间从果肉和果皮中析出大量的色素和单宁，从而使红葡萄酒拥有丰富的色彩。葡萄在酒槽中发酵结束后，酒液被装入橡木桶进行陈酿，使其澄清和去除酒精，并在装瓶之前完成一切化学变化。红葡萄酒装入橡木桶中，其发酵剩下的微粒沉入底部，此后便进行一年四次的倒桶工作，将酒槽或沉积物留在原桶中。对于优质的葡萄酒，需在桶中再酿一年，并经过2—3次倒桶，酒液由深红色再度加深形成了自己的特色，最后再进行澄清处理。澄清是在木桶中加入胶质材料使其自凝，从而吸收酒中悬浮的微粒并沉入桶底，使酒液史加清澈。

7. **优质红葡萄酒的特点**

（1）具有红宝石一样的色泽，经典诱人。

（2）酒味浓而不烈，酒香悠长，醇和协调。

（3）口感温和、滑润，没有过酸的味感。

8. **白葡萄酒的酿造**

白葡萄酒可用青葡萄和白葡萄酿制，也可以用红葡萄的汁酿制。按其糖分转化成酒精程度的多少可区分为甜白葡萄酒和干白葡萄酒。干白葡萄酒使糖分彻底地发酵，而甜白葡萄酒在糖分转化为15%—16%的酒精后就停止正常的发酵。

9. **香槟酒的酿造**

将葡萄进行破碎、分离、发酵等工艺处理后，形成香槟酒的酒基，再加入酵母及适量的糖装入瓶中进行二次发酵，并且在上述酒液的瓶口压入木塞，用铁丝扣紧，再把酒瓶卧放于10℃—12℃的地窖中发酵2—3年，然后移至人字形的木架上，每天先摇动再旋转90°。历时2个月，使酒内的酵母、蛋白质等沉淀物，均紧密地积于瓶颈处，将上述酒瓶直立倒置浸于30℃冷冻液中，使瓶颈处的沉淀物和部分酒液迅速冻结，开启瓶塞，清除冻结杂物，并补充同质量的酒液，立即压入瓶塞，用铁丝加固，将酒液上下摇匀后，封口、贴标、装桶。其瓶内压力≥0.35MPa，瓶耐压为0.7MPa以上。

10. **香槟酒的储存**

香槟酒入瓶后存放在地窖中。存放香槟酒的地窖的土质多是白垩土，因其可以使地窖的温度保持四季恒定不变。由于香槟酒是一种含有大量二氧化碳气体的名贵葡萄酒，瓶内压力较高，所以，保存和开启时要尤加注意。储存时要做到：

（1）避免撞击或接触高温，以免引起爆破。

（2）存放香槟酒，要将酒瓶卧放，使瓶塞与酒水接触，以免由于瓶塞下缩造成漏气、漏酒。

11. **葡萄酒的保存**

葡萄酒保存的好坏会直接影响酒的寿命，保存应注意以下几点：

（1）置于凉处，保持恒温10℃—13℃，有利于延长酒的寿命。

（2）保持一定湿度，防止软木塞干缩。

（3）将葡萄酒酒瓶横放或倒立。

（4）避免阳光直射。

（5）切勿与油漆、汽油、醋、蔬菜等放在一起，以免破坏酒香。

（6）避免振动，防止酒液浑浊。

12. **葡萄酒服务工具**

常见的葡萄酒服务工具有开启刀具、冰桶、酒杯、醒酒器等。

13. **葡萄酒的开启要求**

在餐厅服务过程中，开启葡萄酒首先要得到客人的许可；其次要使用专用工具，并对葡萄酒瓶口进行清洁；再次要将木塞轻轻拔出，不发出响声；最后要把木塞交给客人鉴定，然后要再次清洁瓶口。

14. 鸡尾酒

（1）鸡尾酒的特点。鸡尾酒具有良好的口感，不过甜、不过苦、不过香，以免掩盖味蕾知酒味的能力。

（2）鸡尾酒的分类方法。鸡尾酒主要是按定型情况、酒精含量、饮用温度、饮用时间、基酒种类来分类。

（3）鸡尾酒常用的命名方法。鸡尾酒常用的命名方法包括：以形象和寓意命名，以酒的色、香、味、功效命名，以鸡尾酒的材料命名，以人名、地名、公司名等命名，以相关故事命名等。

（4）鸡尾酒的调制方法。鸡尾酒的调制方法有摇和法、调和法、兑和法、漂浮法和搅拌法。

图 5 - 1　鸡尾酒

二、茶叶知识

在日常生活中，人们习惯把茶叶分为红茶、绿茶、花茶、乌龙茶、白茶等几种。

1. 红茶的工艺处理方法

红茶属于发酵茶，因其汤色以红色为主调而得名，为我国第二大茶类。在制作红茶时，通常选用新鲜的茶叶，经过凋萎、揉捻、发酵、干燥等工艺使其由绿色变成为红色。

2. 红茶的种类与代表茶

红茶主要分为小种红茶、工夫红茶和红碎茶三大类。代表茶有祁门红茶、云南红茶（滇红）。

3. 祁门红茶茶汤的特点

祁门红茶冲泡后，茶汤色红艳透明，带有蜜糖香，叶底红亮。

4. 饮用红茶的作用

红茶有丰富的蛋白质和糖，可给人增加热量和营养，还有助消化、去油腻的作用。

5. 红茶的饮用方法

红茶的饮用方法很多，根据茶汤是否调味可以分为清饮法和调饮法，根据红茶的花色品种可以分为工夫饮法和速饮法，根据使用的茶具又可以分为杯饮法和壶饮法。

在餐厅红茶服务中，以清饮法、杯饮法、速饮法为主。

（1）一般要求。

①红茶宜用紫砂、白瓷、白底红花瓷、各种红釉瓷的壶杯具、盖杯、盖碗。红碎茶则适宜用紫砂以及白、黄底色描橙，红花和各种暖色瓷的咖啡壶具。

②各档红碎茶茶叶体型小，用茶杯冲泡时茶叶悬浮于茶汤中不方便饮用，宜用茶壶泡沏。

③袋泡茶可用白瓷杯或瓷壶冲泡。

④品饮冰茶以用玻璃杯为好。

（2）特殊要求。

①红茶服务可视茶的品质或客人的饮用习惯，添加淡奶或糖等。

②红茶可以根据客人的要求冰镇以后饮用，别具风味。

6. 绿茶制作工艺的四大分类

绿茶按制作工艺可分为炒青、烘青、晒青和蒸青四大种类。

7. 绿茶名品的品种

绿茶又称不发酵茶，它的品质特点是"清汤绿叶"。绿茶是人们饮用时间最早的茶类，距今已有 3 000 多年的历史。绿茶名品的品种包括珍眉茶、西湖龙井茶、信阳毛尖茶、太平猴魁茶等。

8. 西湖龙井茶"四绝"的内容

西湖龙井茶具有色翠、香郁、味醇、形美的特点，称为"四绝"，为茶中珍品。

9. 明前茶的含义

在清明节前 3 天采摘的茶叶叫明前茶。

10. 绿茶的服务要求

绿茶在色、香、味上，讲求嫩绿、明亮、清香、醇爽。首先要保持茶叶本身的鲜嫩，其次是根据茶叶特性选择冲泡的水温、时间和方法，最后要选择透明、无花纹、无色彩、无盖玻璃杯或白瓷、青瓷、青花瓷无盖杯。

11. 花茶的制作方法

花茶主要以绿茶为原茶，经过干燥加入鲜花窨制而成的。

12. 乌龙茶的含义

乌龙茶介于红茶与绿茶之间，属半发酵茶。

13. 白茶的形成

白茶是用优种茶树大白、水仙白、小白等的嫩幼芽尖经过加工而成。

14. 普洱茶的主要产地

普洱茶主要产于云南西双版纳地区。

15. 紧压茶的形成方法

紧压茶属加工复制茶类，它以黑茶、绿茶、红茶等为原料，再经蒸压，制成各种不同形状的茶砖或茶块。

16. 泡茶时的水温要求

一般冲泡乌龙茶等特种茶时，需100℃的开水；冲泡西湖龙井茶等高档细嫩茶叶时，需80℃左右的水温。

17. 中国汉族人的饮茶习惯

北方人喜欢花茶，华南一带的人比较喜欢乌龙茶，江浙一带的人喜欢西湖龙井茶，边陲地区的人喜欢紧压茶。

18. 为客人献茶的顺序

为客人献茶时，其顺序是先宾后主、先老后少。

19. 茶叶的营养和保健作用

（1）茶叶的营养成分丰富。茶叶的化学成分包括3.5%—7.0%的无机物和93%—96.5%的有机物。茶叶中约有40种矿物质；茶叶中含有20%—30%的叶蛋白，但能溶于茶汤的只有3.5%左右；茶叶中含有1.5%—4%的游离氨基酸，种类达20多种，大多数是人体必需氨基酸；茶叶中含有25%—30%的碳水化合物，但能溶于茶汤的只有3%—4%；茶叶中含有4%—5%的脂质，也是人体必需的。

（2）茶叶的保健作用突出。经常饮用茶的人骨骼强壮，茶中的多酚类有抑制破坏骨细胞物质的活力。茶有较强的防治心梗以及抗衰老效果。茶可以帮助人体胃肠消化、促进食欲，可利尿、消除水肿。茶的抗菌力强，用茶漱口可预防病毒引起的感冒，并预防蛀牙与食物中毒，降低血糖与血压。

三、餐酒用具管理知识

1. 酒吧选用酒杯的标准

酒吧选用酒杯时应遵循两个标准：一是习惯性标准，二是美观性标准。酒吧使用酒杯的原则一般是以传统和习惯上的做法为主。

2. 不同类型酒杯的特点

（1）鸡尾酒杯的特点。鸡尾酒杯通常呈倒三角形或梯形，容量为3.5盎司（约98mL），专门用来盛放鸡尾酒和各种软饮料。鸡尾酒杯不可使用塑料杯，因为塑料杯会使酒变味。

（2）白兰地杯的特点。白兰地杯杯形酷似郁金香，酒杯腰部丰满，杯口缩窄。白兰地杯的容量为8盎司（约224mL）左右。饮用白兰地时一般只在杯中斟倒1盎司（约28mL）

左右，酒太多不易很快温热，难以充分品尝到酒香。

（3）香槟杯的特点。香槟杯种类很多，最常用的有浅碟形杯（也称阔口杯）和郁金香形杯。香槟杯的容量为85—170mL。香槟杯常用于庆典场合，也可用来盛鸡尾酒。

（4）葡萄酒杯的特点。白葡萄酒杯容量为6盎司（约168mL），红葡萄酒杯容量为8盎司（约224mL）。

西餐宴会一般需要3种形态的酒杯，供饮用佐餐酒、餐后酒和汽酒。

3. 高档酒杯、高档金器以及装饰烛台的保养

（1）高档酒杯的保养。高档酒杯要经常检查，妥善保养。酒杯用过后都要及时清洗、消毒，然后用干净餐巾布擦干。

高档酒杯的清洁方法为用洗涤剂清洗，洗后用热水冲洗干净，然后用干净的专用餐巾布仔细擦干净。高档酒杯在使用过程中一定要轻拿轻放。洗过的杯具要杯口朝下，依次码放在专用的杯具盒中以待使用。

（2）高档金器的保养。餐厅所用的金器主要有餐具、茶具、毛巾盘、垫盘等。无论是中餐还是西餐都十分讲究餐具与菜肴的配用。餐厅服务员在摆台时应戴白手套，以免在餐具上留下手印。金器在使用过程中应尽量减少磨损。

（3）装饰烛台的保养。装饰烛台一般用于西餐宴会，烛台一般使用金、银、铜、玻璃制造。装饰烛台使用后应及时卸下，用开水把装饰烛台上滴落的烛液烫掉，然后用洁净的干布擦干净。

精讲 ② 插花基础知识

一、插花概论

1. 中国插花艺术的起源年代

中国的插花艺术始于5 000多年以前的原始社会后期，那时我们的祖先将美丽的花卉纹饰烧制在陶器上。

2. 隋唐时期的插花

隋唐时期对插花程序已有了严格的要求，而且非常讲究排场，如当时对插花所用工具、放置场所、养护水质、几架形状等都有严格的规定。

3. 宋代的插花

宋代的插花特别注重构思的理性意念，花材多选用寓意深刻的松、竹、梅、兰、水仙等上品花木。

4. 元代的插花

元代的插花风格逐渐摆脱宋代理学的影响，常用花材的寓意与谐音来表达作品的主题，人们称之为"心象花"。

5. 明代的插花

明代的插花进一步利用了花卉的数量、品种，取数字之特点突出插花艺术精髓之所在。明代是插花艺术复兴、繁荣、昌盛和成熟的时期，同时很多有关插花艺术的专著也相继问世。

6. 插花艺术的含义

插花艺术的含义主要体现在人们对自然生长的植物，经过构思、设计、选材、剪切、造型、插摆而形成的植物艺术品。

7. 插花艺术的原则

插花艺术的原则是：在保存花材原有自然状态下，灵活插制，随意造型，以达到"虽由人做、宛如天开、天人合一"的自然境界。

8. 插花艺术选材的寓意

自然界的花草树木是有灵性、有感情之物，我国人民历代都有寄情花木之风，人们赋予花木许多象征和寓意，各种花木被人格化和神话，使得人们借以明志、寄托情思、舒展情趣。因此，在插花中，人们不单将花材作为造型的素材与表现形式美的主要物质基础，而且将其作为构思传情的语言和工具。插花艺术选材自古以来便是凡材有意、意必为吉祥，追求枝情花韵之美，从而突出花卉的最高艺术境界。

9. 东方式插花的艺术特点

东方式插花指以中国与日本为代表的插花艺术。其特点是崇尚自然，讲究诗情画意，注重线条造型，花材人格化，注重季节变化和作品与环境的协调统一。

10. 西洋式插花的艺术特点

西洋式插花一般以欧美一些国家为代表。其主要特点为构图格式化，形式有三角形、扇形、球形、菱形、椭圆形和新月形等，花材排列整齐，形成各种丰满的图形。

二、花语

1. 荷花的象征

荷花被视为清净、高洁之佳品。因其"出淤泥而不染"，带有天生的傲气，故被称为"净友"。荷花是佛前供花的首选品种。

2. 牡丹花的象征

牡丹花因其花大色艳，是雍容华贵、国色天香之象征，被誉为"花中之王"。

3. 桂花的象征

桂花象征着金银富贵、官运亨通、文思长进和中秋团圆。

4. 百合花的象征

百合花花型饱满，它象征着平安合好，是"百年好合"题材中不可缺少的主要花卉。

5. 剑兰的象征

剑兰花色五彩缤纷，花开节节向上，挺拔、苍劲、艳丽，有催人奋进、勇攀高峰的寓意。

6. 花中四君子

梅、兰、竹、菊被历代文人称为花中四君子。

三、餐台插花要求

1. 餐厅插花原料选用的要求

餐厅插花原料选用的要求是：三星级以上的饭店或一级以上的酒楼基本全部摆放鲜花实木。随着人们对美好生活地不断追求，餐厅装饰所用的花卉应首选鲜花真草，杜绝使用纸花、绢花和塑料花。

2. 餐厅插花形式与餐台样式的关系

餐厅插花形式应根据餐台样式的不同而不同，方桌应使用合适的花瓶插上一两枝鲜花，宴会的圆餐台的插花应用四面观赏的形式。

3. 圆形餐台摆放花坛的要求

圆形餐台摆放花坛时，花坛的大小要根据餐台面的大小而定，花坛的设置应注意不要影响摆放冷菜，花坛的高度不得高于客人落座后平视的高度。

4. 餐台插花原料使用的要求

插花所选用的花草使用前应先用清水冲洗，去掉杂物和枯萎黄叶，为花朵、花蕾整形，给花叶剪枝，给草修形。

5. 餐台插花具体操作要求

在插花过程中，不论采用哪种形式的插摆，都要求做到花枝疏密有间，花朵大小适宜，主花与副花分明、争让有错，花多而不乱、花少而不单，花色协调美观。

6. 常用于插花的容器

常用于插花的容器的种类有金属容器、天然容器、景泰蓝容器、漆器及木（竹）制容器、陶瓷容器、塑料容器、玻璃容器等。其形状千姿百态，色彩各有不同，不同的插花容器与植物花材相互映衬，形成了艺术美与自然美的高度统一。

7. 用于餐厅的插花花形

常用于餐厅的插花花形有艺术造型插花、雕刻式插花、单面观式插花、三面观式插花和团式插花等多种形式。

8. 中餐餐台花形的类别

中餐餐台花形按塑造餐台花形所使用的物品，可分为两大类型：一类是使用餐具、用具、菜肴、果品等而塑造成的象形花台；另一类是使用天然植物如鲜花、草等塑造成的植物花台。

（1）象形花台设计与摆放应遵循的原则。象形花台设计与摆放应遵循的原则是：设计合理，造型与名称贴切；寓意深远；清洁卫生；方便使用，便于服务；台面主题突出，协调一致。

（2）植物花台选用花草的要求。植物花台种类繁多，选用花草时应根据宾客的风俗习惯而定，不宜使用非植物花草，可使用果蔬雕刻的花、鸟、鱼、虫与鲜花配用。

9. 摆放花坛式花台的要求

摆放花坛式花台的餐台，其直径不可小于 2.2m，一般花台的花草摆放分为三层。上层花草摆放的方法有两种，一种为堆插式，另一种为插摆式。

10. 摆放七星式花台的要求

七星式花台的图案由一个中心圆和 6 个半圆形组成。花形居餐台正中，主人位、副主人位应正对一个半圆形花瓣的中心位置，其设计要与冷盘设计相协调。

11. 摆放插花式花台的要求

插花式花台是将花草放在插花台上，经过修剪后插入插花器中，根据特定的宴会主题，塑造出不同的花形，同时还可设有与之相配的胸花式餐巾折花。

12. 中餐餐台插花注意事项

（1）花朵的主花、副花要搭配得当，颜色搭配要协调，以免喧宾夺主，花与草的搭配要做到草衬花、花依叶，草密而不丰、稀而不疏。

（2）有毒的花卉不宜做插花及餐台用花，如一点红、夹竹桃等。

13. 西餐中心型插花花台的设计要求

西餐中心型插花花台通常适用于一字形长台，其花插的长直径为 40—50cm，短直径为 20—25cm，花插应放置在餐台正中位置。

14. 西餐花环式花台的设计要求

西餐花环式花台适用于贵宾宴会，它采用环绕餐台四周制作一个花环的方法装点布置花台，花环多用冬青草和鲜花点缀，并注意颜色的协调、距离的均匀、花草品种的搭配对称。

15. 西餐拉链式花台的设计要求

西餐拉链式花台是指在餐台的中心设有两层花插，中心花插选用一个 70cm 高的柱式玻璃插花器，在其底部设有一菱形花插，菱形花插的长角两端用花草接至餐台的两端，并在两端各设一个小插花器插摆花草。

四、延长花期和修剪方法

1. 延长花期的基本方法

餐台使用鲜花点缀的成本较高，所以掌握延长花期的方法很重要。其方法主要有蜡封法、烫封法、添加剂法和花泥插花法等。

2. 蜡封法的具体做法

蜡封法的具体做法是：首先把花的茎端用剪刀斜面剪至适宜插花高度的位置，然后将石蜡点燃，侧拿起，将蜡珠滴在花茎的切面处，待切面处滴满后封好，立即放入清水中。

3. 花泥插花法中花泥的使用方法

在使用前将花泥浸泡于清水中 1—2 小时，因花泥吸有水分，所以使用花泥时必须选用适宜的隔水容器。

4. 标准切花技巧

切花的技巧是完成插花工作的基础，标准切花技巧包括茎要斜切、去尖定型、开蓓、修枝和剪草等。

5. 去尖定型的方法

由于鲜花品种不同，有的一枝多花，就需要适当去尖整形。在去尖时切忌用剪刀剪，而要用手将应去掉的花蕾从根部掰去，这样去尖的效果既显得自然，又不失其美观。

6. 开蓓的方法

开蓓适用于似开又不完全开的花朵，如康乃馨为了便于使用，可用双手将花朵下边的花托从瓣形处拉开，再轻轻地将花瓣掰一掰，使花朵既显大又不影响花期。

7. 剪草的方法

好花还需有草衬，花台用草无论采用哪种都要选色绿枝嫩、草叶丰满、形状美观的，其长度应为 20—25cm。使用时，首选草尖部位，利用其自然长势更显作品的自然艺术性。

五、色彩寓意和运用

1. 红色的寓意

红色给人以光明、温暖、幸福、美好、热情及生命的活力之感。

2. 黄色的寓意

黄色给人以温和、光明、高贵、豪华之感，同时在特定的场合，人们又视其为特权的象征。

3. 绿色的寓意

绿色被人们视为大自然的主色，给人以生命永恒、青春延续、轻盈舒适之感。

4. 紫色的寓意

紫色被人们视为华贵、典雅、娇艳、优雅之色。

5. 橙色的寓意

橙色给人以明亮、华丽、高贵、庄重之感。

6. 白色的寓意

白色给人以纯洁、神圣、清爽、寒凉、轻盈之感。

7. 正确运用色彩的原则

（1）确定色彩基调。

（2）合理利用色彩的协调性。

（3）注意色彩布局的平衡性。

（4）发挥色彩的对比性。

（5）运用色彩的特性，从而体现出色彩与主题的贴切。

图 5-2 插花的色彩搭配

练习题

一、单选题

1. 元代的插花风格逐渐摆脱宋代理学的影响，下列（　　）是元代插花的风格。
   A. 只追求消遣娱乐
   B. 用花材的寓意与谐音来表达作品的主题
   C. 注重结构的理性意念
   D. 融合了自然美的特征

2. 使用蜡封法首先把花的茎端用剪刀切面剪至适宜插花（　　）的位置，然后将石蜡点燃，侧拿起，将蜡珠滴在花茎的切面处，待切面处滴满后封好，立即放入清水中。
   A. 尺寸　　　　　　B. 高度　　　　　　C. 形状　　　　　　D. 方向

3. 常用于插花容器的种类很多，以下四项中的（　　）不是插花的容器。
   A. 景泰蓝容器　　B. 玻璃容器　　　　C. 漆器容器　　　　D. 毛皮容器

4. 插花艺术的含义主要体现在人们对自然生长的植物，经过构思、设计、选材、剪切、造型、插摆而形成的（　　）。
   A. 雕刻艺术品　　B. 仿造艺术品　　　C. 植物艺术品　　　D. 工艺品

5. 植物花台种类繁多，选用花草时应根据宾客的风俗习惯而定，不宜使用（　　）花草，可使用果蔬雕刻的花、鸟、鱼、虫与鲜花配用。
   A. 植物　　　　　　B. 非植物　　　　　C. 价格低廉　　　　D. 价格昂贵

6. 正确运用色彩的原则有确定色彩基调；合理利用色彩的协调性；注意色彩布局的平衡性；发挥色彩的（　　）；运用色彩的特性，从而体现出色彩与主题的贴切。
   A. 季节性　　　　　B. 主动性　　　　　C. 功能性　　　　　D. 对比性

7. （　　）不是鸡尾酒杯的特点。
   A. 容量为 12 盎司　　　　　　　　　B. 容量为 3.5 盎司
   C. 传统的酒杯通常呈倒三角形或梯形　D. 不带任何花纹和色彩的异形酒杯

8. 将外国葡萄酒分为红、桃红、白三种葡萄酒，是按酒的（　　）分类。
   A. 原料　　　　　　B. 色泽　　　　　　C. 口味　　　　　　D. 价格

9. 白兰地杯的容量为（　　）左右。
   A. 5 盎司　　　　　B. 6 盎司　　　　　C. 7 盎司　　　　　D. 8 盎司

10. 葡萄酒按含糖量可分为干型、半干型、甜型、半甜型四类，其中酒中含糖量大于 50.1g/L 的是（　　）。
   A. 干型　　　　　　B. 半干型　　　　　C. 甜型　　　　　　D. 半甜型

11. 将用蜡封好的鲜花插入装满清水的花瓶内，每日换新水，一般花期能保持

（　　）天。

  A. 3—4   B. 3—5   C. 1—2   D. 4—6

12. 每日换水时要注意，如遇茎根腐烂，应立即减去坏死部分，重新（　　）以延长花期。

  A. 使用添加剂 B. 蜡封   C. 烫封   D. 插入花泥中

13. 花泥使用前应在清水中浸泡（　　）小时，让花泥吸足水分。

  A. 1—2   B. 2—3   C. 3—4   D. 4—5

14. 餐厅艺术插花一般是为了（　　）。

  A. 降低菜肴成本，提升菜肴档次

  B. 烘托就餐环境，弥补服务质量缺陷

  C. 烘托就餐环境，映衬菜品需要

  D. 显示餐厅插花艺术技巧，显示菜品档次很高

15. 中国传统名花，株丛常绿，多而不乱，仰俯自如，姿态端秀，别具神韵的花卉是指（　　）

  A. 兰花   B. 紫藤   C. 菊花   D. 满天星

16. 温杯是将随手泡中的开水倒入玻璃杯中，水量约为玻璃杯的（　　），右手握杯、旋转将温杯的水到入茶船中。

  A. 1/2   B. 1/3   C. 1/4   D. 1/5

17. 冲泡花茶时，冲水至盖碗的（　　）成满。

  A. 6   B. 7   C. 8   D. 9

18. 冲泡花茶宜用（　　）℃左右的开水冲泡。

  A. 80   B. 85   C. 90   D. 95

19. （　　）茶具不怕水浸，能耐温、耐酸碱腐蚀。

  A. 金属   B. 漆器   C. 纸质   D. 竹木

20. （　　）茶具品种花色很多，其中尤以青花瓷茶具最引人注目。

  A. 青瓷   B. 白瓷   C. 黑瓷   D. 彩瓷

21. 下列选项中关于茶具的表述错误的是（　　）。

  A. 漆器茶具通常是一把茶壶连同四只茶杯，存放在圆形或长方形的茶盘内，壶、杯、盘通常呈一色

  B. 闻名中外的紫砂茶具，除具有良好的材质外，特别注重外形的装饰

  C. 竹木茶具主要有竹木茶盆、茶池、茶碗等。竹木茶具色调和谐，美观大方，泡茶后不易烫手，并富含艺术欣赏价值

  D. 搪瓷茶具坚固耐用、图案清新，以轻便、耐腐蚀而著称

二、判断题

1. （　　）烟台红葡萄酒属甜型玫瑰红葡萄酒。乙醇含量为15.5°—16.5°，酒液颜色

鲜艳，为红宝石色。

2. （　　）绿茶是我国最晚出现的一个茶类。它经过杀青、揉捻、干燥等工序加工而成。

3. （　　）有些花卉不宜在宴会厅堂摆放，如夹竹桃可分泌出一种乳白色液体，会给人带来昏昏欲睡的感觉。

4. （　　）餐台使用鲜花点缀的成本较高，所以掌握延长花期的方法很重要。其方法主要有蜡封法、烫封法、添加剂法和花泥插花法。

5. （　　）茶叶中维生素 E 的含量比其他植物高。

6. （　　）咖啡因的兴奋作用是茶叶成为嗜好品的原因之一。

7. （　　）茶叶中含有约 30 种矿物质，主要成分是钙，约占矿物质总量的 50%。

8. （　　）泡茶时有 90% 的咖啡因能溶于水中，是苦味成分之一。

9. （　　）茶可以帮助胃肠消化、促进食欲，可利尿、消除水肿，并有强壮心肌的功能。

10. （　　）茶在加工过程中发生了以茶多酚促氧化为中心的化学反应，鲜叶中的化学成分变化较大，茶多酚减少 80% 以上，产生了茶黄素、茶红素等新的成分。

11. （　　）绿茶又称不发酵茶，它的品质特点是"清汤绿叶"。

12. （　　）西湖龙井茶在谷雨前采摘，称"雨前茶"，又称三春茶，其形似旗如枪，故称"旗枪"。

13. （　　）西湖龙井茶简称龙井，产于浙江省杭州市西湖的狮峰、龙井、五云山、虎跑、梅家坞一带，一向以色翠、香郁、味醇、形美而著称于世。

14. （　　）绿谷香眉的品质特征是外形紧密，条索纤细，色泽墨绿乌润，汤色黄绿带亮，滋味甘醇浓厚，持久耐泡，香气鲜爽，叶底柔嫩，饮后回味甘美。

15. （　　）绿茶是历史最悠久的茶类，距今已有 3 000 多年的历史，绿茶一般以适宜茶树的新梢为原料。

16. （　　）三春茶附带茶梗，故称"梗片"。

17. （　　）泡茶时每次用量多少并无统一标准，主要根据茶叶种类、茶具大小、消费者饮用习惯而定。

18. （　　）茶叶用量有统一标准，并不是由顾客或者茶师来决定的。

19. （　　）冲茶水时，水量应至玻璃杯的九成满。

20. （　　）发烧时适量喝茶对身体有益，因为茶中含有人体所需的物质。

21. （　　）神经衰弱患者可在白天的上午及午后各饮一次茶，在上午不妨饮红茶，午后饮绿茶，晚上不要饮茶。这样，白天精神振奋，夜间静气舒心，可以早点入睡。

22. （　　）茶叶中的鞣酸可与铁结合成不溶性的物质，使体内得不到足够的铁，故贫血患者不宜饮茶。

23. （　　）茶叶有兴奋神经中枢的作用，醉酒后喝浓茶会减轻心脏负担。

24. （　　）红茶属于半发酵茶，其汤色以红色为主调。

25. （　　）红茶加工时不经杀青，一般分为凋萎、揉捻、发酵、干燥四个工序。

26. （　　）祁门红茶的品饮多以加糖、奶调和饮用为主，加奶后的香气滋味依然浓烈。

27. （　　）滇红品质优异，以其芬芳郁馥、醇厚甜润而驰誉中外，在红茶中最负盛名。

28. （　　）红碎茶适宜用紫砂以及白、黄底色描橙，红花和各种暖色瓷的咖啡壶具。

29. （　　）红碎茶茶叶体型小，用茶杯冲泡时茶叶悬浮于茶汤中不方便饮用，宜用茶壶泡沏。

30. （　　）茉莉花茶是在茶中加入茉莉花朵熏制而成的，相传早在唐代时，我国就发明了茉莉花茶的窨制方法。

31. （　　）茉莉花茶以福建产茉莉花茶最为著名。

32. （　　）高档花茶用瓷壶冲泡，可得到较理想的茶汤，并能保持香味。

33. （　　）低档花茶可用玻璃杯或白瓷杯冲饮，也可用盖碗或带盖的杯冲泡，以防止香气散失。

34. （　　）花茶的冲泡一般使用盖碗，也可以使用瓷壶冲泡，方法及程序与红茶相同。

35. （　　）盖碗适合冲泡香气浓的茶，揭盖闻香、尝味、观色都很方便。以盖碗泡茶奉客，两人一杯，品饮随意。

36. （　　）瓷器茶具品种很多，其中主要的有青瓷茶具、白瓷茶具、黑瓷茶具和彩瓷茶具。

37. （　　）彩瓷茶具始于晚唐，鼎盛于宋，延续于元，衰微于明、清，这是因为自宋代开始，饮茶方法已由唐代的煎茶法逐渐改变为点茶法。

38. （　　）用漆器茶具煮水泡茶、储藏茶叶，具有较好的防潮、避光性能，这样更有利于散茶的保藏。

餐厅经营管理知识

餐厅装饰

一、宴会厅环境布置

1. 重要宴会环境布置要求

国宴及政府机构举办的重要宴会，其环境布置一定要显示出隆重、庄严、友好、热情的气氛。

2. 悬挂国旗的国际惯例

悬挂国旗的国际惯例是主办国在右，客方在左，其尺寸、规格、悬挂形式一定要相同，国旗下方可装点代表各国的花卉，但不能遮挡国旗。

3. 宴会厅的布置原则

宴会厅的布置原则是庄重、整齐、清洁、美观、大方，提供给客人舒适愉快的就餐环境。

4. 布置中餐宴会厅时应注意的问题

布置中餐宴会厅时，要处理好家具与观赏品的关系，处理好"围"与"透"的关系，处理好"突出"与"陪衬"的关系，搞好餐桌的设计与摆放，搞好花卉绿化布置，处理好光线、色彩与客人喜好的关系等。

5. 宴会厅中的各种装饰与设备的作用

宴会厅中的各种装饰与设备都是为提高饮宴气氛、烘托进餐情趣、增强客人舒适的感觉而准备的。

6. 中餐宴会厅对所用家具的要求

中餐宴会厅所用的家具是宴会服务所必需的物质保证，各种家具应力求配套组合，颜色、样式、格调一致。

7. 宴会厅里光线的作用

宴会厅的光线一般以暖色为佳，因其可以提高人们的食欲，而冷色则使人的食欲减退。不同色彩的光线会给人们带来不同的感受，西方人认为紫色有雍容华贵的美感。

8. 宴会厅摆放花卉的要求

花卉有很强的装饰作用，不同的花卉所含的寓意不同：喜庆宴会可摆放牡丹花，以示荣华富贵；朋友相聚可以摆放兰花、火鹤，以示文雅不俗；商务洽谈可以摆放长青植物、剑兰，以示双方合作愉快、生意兴隆。

9. 中高档宴会餐桌每桌占地面积

通常中档宴会餐桌每桌占地面积为 $10—12m^2$，高档宴会餐桌每桌占地面积为 $12—15m^2$。

10. 西餐宴会餐台常用的台型

西餐宴会的餐台一般使用长台和椭圆形台，人数多的情况下有时也采用圆桌，根据宴会的人数等情况也可摆成其他不同的台型。西餐宴会无论选择哪种台型，均要求在布置中体现出庄重、美观、大方、对称、平稳。

11. 蜡烛在西餐餐台布置中的作用

西餐餐台布置时应摆放蜡烛，在西餐宴会开始时点燃可给人一种温馨、柔和的感觉。

12. 高档西餐宴会厅客前烹饪服务

高档西餐宴会厅经常有客前烹饪服务，因此要求摆好客前烹饪所需的各种餐车和用具，同时要求照明光线是可以调节的。

13. 西餐宴会餐酒用具摆放的依据

西餐宴会餐酒用具摆放是以宴会菜单内容为依据的，酒具的摆放以客人所选用的酒水内容而定。

14. 高档宴会摆台的特点

高档宴会摆台的特点之一是餐酒用具要用金、银、玉器、水晶类等器皿，此外在餐具的摆放形式上与一般宴会摆台也有差异。

15. 高档宴会餐台装饰的具体做法

（1）高档寿宴选用杏黄色台布和餐巾，用紫色丝绒做台裙，这样会使宴会气氛更加浓烈。

（2）宫廷宴选用象征皇家特权的明黄色台布和餐巾，配以绣有龙凤丝织品的黄色台裙，更加体现出皇家特有的富丽堂皇的气派。

（3）婚宴配红色台布和餐巾会带给新人温馨幸福的感觉。

二、不同建筑风格宴会厅的特点及装饰

1. 中国园林式建筑风格宴会厅的特点

中国园林式建筑风格宴会厅中有山石、流水、亭台楼阁，具有江南幽雅僻静的格调，使人感到轻松幽静，体会到休闲的乐趣。

2. 现代建筑风格宴会厅的特点

现代建筑又称西式建筑，是近代从西方传入我国的一种建筑形式。其特点是多为几何

形体和直线结构。

3. 古典英式宴会厅的特点

古典英式宴会厅的典型特征是有深色的护墙板，墙面与壁炉的装饰协调，家具以典雅、庄重、简明的直线为造型的主基调。

4. 法式建筑风格宴会厅的特点

具有代表性的法式建筑出现在路易十四至路易十六时期。法式建筑风格宴会厅在天花板的设计上喜欢使用 C 形、S 形或漩涡形的曲线，并配有清淡、柔和的色彩，体现出很强的自然主义特点。

5. 意大利式宴会厅的特点

意大利式宴会厅的建筑风格为文艺复兴和巴洛克风格，即教堂的建筑风格。其典型的特征是：宴会厅内以铜色为主基调，大量使用铜和黄金作为建筑材料；厅内装饰大量使用大理石制具；厅堂内的观赏品以壁画和雕刻艺术品为主。

精讲 ② 餐厅安全

一、餐厅基本安全知识

1. 餐厅安全用电的具体要求

（1）各种电器（如加热毛巾箱、电饭锅、微波炉、空调等）使用后一定要切断电源，电器设备周围严禁堆放易燃易爆物品。

（2）对室内的电器设备要经常检查，发现电线老化、接触不良、绝缘不好时，要及时向有关部门报告，进行维修。

（3）电闸周围禁止存放易燃易爆物品。

（4）下班前要有专人检查各种电器设备是否断电，要关闭电源。

（5）搞卫生时要注意用水安全，避免电线插座进水、电机进水，禁止带电作业。

2. 使用煤（天然）气的操作要求

（1）使用煤（天然）气时要遵守"火等气"的操作规程。先点火，然后由小至大启动煤气开关，直至煤气完全燃烧。点火时脸不能贴近炉口，熄灭时应完全关闭总闸。

（2）煤（天然）气在使用中要有人看管，注意检查管道开关是否漏气。

（3）工作完毕后，应由专人检查，确定炉灶全部熄灭后才能离去。

3. 餐厅服务员应掌握的防火知识

（1）下班前要仔细检查餐厅内是否有未熄灭的烟头及火种。

（2）烟灰缸内的烟头、烟灰要单独湿灭倒掉，不得放入台布内一同处理。

（3）发现煤（天然）气漏气，要打开门窗，同时不要使用明火。

（4）要掌握消防器的使用方法。

（5）切勿携带易燃易爆物品进入餐厅。

4. 餐厅出现火情的处理方法

（1）切断气源、电源，熄灭一切明火。

（2）立即报告领导，拨打 119 报警电话。

（3）有组织地进行灭火，阻止火灾扩散。

（4）如果在餐厅营业过程中出现火情，要迅速疏散客人，以保证客人安全。

5. 各种机器设备的操作规范要求

（1）使用各种机器设备时，要按操作规程办事，禁止带电作业，每种电器设备应单独使用一个电源插座。

（2）要熟悉服务现场的各种设备，不懂得如何操作的要请教领班。

（3）严格遵守工作纪律，对于各种设备要严格按企业管理规定使用，未经批准不得随意启动各种设备。

（4）在服务工作中发现各种隐患或可疑的情况时，要及时向领导请示、报告。

二、餐厅财产安全管理与安全服务

1. 餐厅财产的管理方法

（1）保护餐厅财产，各种设备要有专人管理，定期进行维修保养，发现故障应及时抢修。

（2）要建立财产登记卡和财产管理制度，做到专人登记、专人保管。转移有手续、损坏有登记，并进行定期核对，使账、卡、物相符。

（3）餐厅金银器属于贵重器皿，由专人保管，实行领出、收回登记制度。宴会结束收台时，要对金银器进行清点核对，以防丢失。

（4）衣帽间要有存取手续，厅房内衣帽间由餐厅服务员负责管理。

2. 雨雪天气的安全服务

遇到下雨、下雪天气时，要在餐厅门前放警示牌，告知客人路滑。下雨时应为客人撑伞，将伞架放在显眼的位置。如餐厅门前有积水，应及时清除。下雪时要在通道上铺地毯、胶皮等防滑物品。

精讲 3 餐厅服务员培训知识

1. 初级、中级餐厅服务员的培训内容

对初级、中级餐厅服务员的培训内容主要包括专业素质、服务知识和服务技能三大方面。餐厅服务员的专业素质包括行为规范、工作与服务态度、语言交流技能、服务英语、仪表仪态、着装与发型等。培训内容应能使学员心领神会，服务技能是初级、中级餐厅服务员考核标准的重要组成部分。

2. 培训步骤

培训步骤一般包括培训需求分析、制订培训计划、实施培训、培训评估以及不断辅导。

3. 讲授法的适用范围

讲授法即课堂教学，这种方法可以在短时间内将特定的知识信息传递给群体学员，适合于向群体学员传授某单一课程内容。这种方法要求训导师掌握较好的授课技巧，特别要考虑如何使学员始终对培训内容感兴趣。即使这样，单独的课堂教学仍然容易使学员忘记培训内容，因此，对初级、中级餐厅服务员的培训应尽可能地将讲授法与其他培训方法结合起来使用。

4. 采取情景表演法培训的好处

情景表演法也称扮演角色法。这种培训的优点是有助于现场评估，鼓励学员进入角色，从而使学员对客人的需求及应如何满足客人需求等方面的技巧有较直接的感受。情景表演法需要训导师事先准备好一系列的培训现场，并制定出每个情景表演的情景、角色、对话内容及评估标准。只有这样，才能使学员对情景表演产生兴趣，从而达到培训预期的效果。

5. 培训新餐厅服务员上岗的部门

在餐厅中，新餐厅服务员上岗培训应由餐厅人力资源部或培训部来承担。但餐厅管理人员应了解上岗培训必备的相关内容，并适时与训导师沟通，完善上岗培训内容，保证其质量。高级餐厅服务员是对初级、中级餐厅服务员实施培训的主要承担者。

6. 餐厅服务员上岗之初的培训内容

一名餐厅服务员在上岗之初应得到不少于3天的培训，其内容包括：

（1）迎新演说。总经理应亲自向新餐厅服务员致欢迎词，表示对新餐厅服务员到来的欢迎，并鼓励他们在未来的工作中表现出色。各部门总监、经理也应分别向新餐厅服务员简单介绍本部门基本情况，使新餐厅服务员认识高级管理人员，并体会到餐厅对他们的重视。

（2）餐厅发展史、传统与基本方针讲解。此部分的讲解意在帮助新餐厅服务员建立团队归属感，使他们了解自己将要就职的餐厅的情况。基本方针的讲述可以达到告知新餐厅服务员餐厅的经营理念、价值观等目的。

（3）组织结构及各部门基本职能介绍。介绍本餐厅组织形式、各部门名称、负责人、工作内容及工作程序。

（4）餐厅产品知识、经营信息培训。新餐厅服务员必须掌握餐厅产品知识和经营信息。餐厅产品知识应包括各经营部门的相关信息，以便回答客人提出的问题，如名称、地理位置、营业时间、经营项目及特色等，这部分的培训内容应要求新餐厅服务员在上岗前熟练掌握。

（5）《餐厅服务员守则》规章制度培训。《餐厅服务员守则》被视为"红炉政策"，餐厅服务员不去触犯相关处罚条例，自然不会被处罚，但如有违规行为则应受到批评与警示。因此,《餐厅服务员守则》是必须培训的内容。培训时要认真讲解,用案例教学,使员工重视这方面的学习。

(6)仪表仪态、行为规范的培训。将相关仪表仪态、行为规范标准分发给新餐厅服务员,并逐一讲解,示范教学,帮助新餐厅服务员养成良好的职业风范。

(7)此外,新餐厅服务员上岗培训还包括防火与安全、劳动合同、薪酬制度、社会保险等方面的内容。

精讲 4 公共关系与协调知识

1. 烹饪、服务与消费的关系

餐饮服务工作是整个餐饮企业的代表,餐厅服务员负有为消费者提供服务、为本餐饮企业获得应有的经济效益和社会效益的双重任务。烹饪、服务、消费是饮食业不可缺少的三个环节。烹饪是饮食产品的制作阶段,服务是中间环节,消费是饮食产品的最终目的,不可缺少的是服务这一中间环节。因此,烹饪与服务有着相辅相成、相互依托、不可分离的关系。

2. 餐厅服务员与后台厨师之间关系的协调方法

餐饮企业是向客人提供有形产品并直接为客人服务的。餐饮企业内部的前台和后台完全是由于工作需要而形成的分工。前台工作者是直接为客人服务的餐厅服务员,后台工作者是为前台服务、提供烹饪产品的厨师及其他工作人员。为保证餐饮企业的效益,餐厅服务员要协调与后台厨房的关系。

第一,反映客人的意见,密切厨房与客人的关系,进而密切餐厅服务与厨房制作的关系。餐厅服务员通过热情礼貌的优质服务,把厨房生产的各式菜肴销售给用餐的客人。餐厅的经济效益是在满足客人的需求中取得的,满足了客人的需求就赢得了客源,根据客人的需求,改进厨房制作是餐饮企业取得持续效益的保证。

第二,餐厅服务员的工作与厨师的工作要相互协调、互为补充。良好的餐厅服务和优质的美味佳肴都是客人需要的,所以二者应互为补充、相辅相成。餐厅服务员要尊重厨师的辛勤工作,厨师在准备各种美味菜肴的色、香、味、形上都倾注了心血,因此餐厅服务员在拿取菜肴时一定要保护好菜肴的色、香、味、形。

第三,为了与厨师搞好协作,餐厅服务员要虚心向厨师学习,请教有关的烹调知识。这样餐厅服务员在为客人服务时,建议和促销会更加切合实际,提高促销的成效。同时,餐厅服务员在为客人服务时,应该从企业的高度来宣传厨师的拿手菜,多向客人介绍店内的名厨。

3. 缓和客人与厨房工作矛盾的方法

餐厅服务员的优质服务也能够起到缓和客人与厨房工作矛盾、减少冲突的作用。客人就餐时可能会对某种菜肴的味道、上菜时间的拖延产生一些不满,通过餐厅服务员周到、热情的服务则可以使这些矛盾和不满得到缓解和消除。当然，这其中也需要餐厅服务员良好的应变能力。

练习题

一、单选题

1. 高档宴会布置场地时，宴会的（　　）因素无须考虑。
   A. 规格　　　　　B. 标准　　　　　　C. 性质　　　　　D. 菜肴品种

2. 使用各种机器设备时，（　　）的做法不符合操作规程。
   A. 各种电器使用后先断电，再关电器开关
   B. 对不会使用的电器设备先请教再动手
   C. 未经批准不随意启动各种设备
   D. 每种电器设备应单独使用一个电源插座

3. 宴会看台服务员要做到的"三了解"是（　　）。
   A. 了解宾客的风俗习惯，了解宾客的生活忌讳，了解宾客的特殊要求
   B. 了解宾客的风俗习惯，了解宾客的基本要求，了解宾客的特殊要求
   C. 了解宾客的风俗习惯，了解宾客的生活难题，了解宾客的特殊要求
   D. 了解宾客的生活难题，了解宾客的生活忌讳，了解宾客的特点要求

4. 发现煤（天然）气漏气时，下列（　　）的做法是不允许的。
   A. 打开门窗　　　　　　　　　　　B. 关上表前闸
   C. 在此房间内打电话报警　　　　　D. 不使用明火

5. （　　）员工属于涉及固定费用的员工。
   A. 维修　　　　　B. 厨房　　　　　　C. 洗碗　　　　　D. 服务员

6. 悬挂国旗的国际惯例是，主办国国旗在右，客方在左，其（　　），国旗下方可装点代表各国的花卉，但不能将国旗遮挡住。
   A. 尺寸、规格相同，悬挂形式可不相同
   B. 尺寸、规格相同，悬挂形式没有要求
   C. 尺寸、规格没有要求，悬挂形式要相同
   D. 尺寸、规格相同，悬挂形式一定要相同

7. 新餐厅服务员上岗培训应由（　　）来承担。
   A. 人力资源部　　　B. 经理办公室　　　C. 保卫部　　　D. 财务部

二、判断题

1. （　　）高档宴会安全检查之一应检查宴会所需燃料等易燃品是否有专人负责。

2. （　　） 在接待服务中常会遇到客人提出一些具体要求，我们要在经营范围许可的情况下，努力满足客人的要求。

3. （　　） 宴会指挥员的职责之一是与有关部门搞好协调配合。

4. （　　） 协调餐厅服务员与厨师之间的关系，关键是厨师把菜做好。

5. （　　） 高档中餐宴会开餐前，一名迎宾员要为 10—30 位客人提供迎接与引位服务。

6. （　　） 餐饮业主打品牌服务，服务员必须具备高超的服务技能。

高级餐厅服务员理论知识考核模拟试卷 1

一、单选题（每题1分，共80分）

1. （　　）不属于餐厅服务员为满足客人求知求新心理的需求所必须掌握的知识。
   A. 菜肴价格制定的原则　　　　　　　　B. 餐厅菜单内容或菜肴名称
   C. 餐厅菜单内容或菜肴所用原料、配料　D. 菜肴的烹调制作方法

2. 客人来到餐厅后，引位员首先应热情问候客人，确认客人（　　），然后引领客人到位。
   A. 身份　　　　　　B. 预订　　　　　　C. 官衔　　　　　　D. 姓名

3. 不属于餐厅服务员上岗之初应培训内容的是（　　）。
   A. 餐厅的组织结构　　　　　　　　　　B. 《餐厅服务员守则》
   C. 行为规范　　　　　　　　　　　　　D. 宴会花台的摆放

4. 带儿童的客人来用餐时，为保证安全的做法，不正确的是（　　）。
   A. 将带儿童的客人安排在离门口较远的位置上
   B. 餐厅服务员照看儿童时不要让儿童在餐厅乱跑、玩耍
   C. 让儿童使用金属小勺
   D. 给儿童一双小号的筷子

5. 一般轻体力劳动者，每日应摄入各类食物大约1 500g才能基本保证（　　）的数量要求。
   A. 理想膳食　　　　B. 定时定量　　.　C. 高热膳食　　　　D. 平衡膳食

6. 设计合理、造型与名称贴切、寓意深远是（　　）花台设计与摆放的原则。
   A. 象形　　　　　　B. 梅花形　　　　　C. 七星　　　　　　D. 植物

7. 为客人献茶时，其顺序应是（　　）。
   A. 先宾后主　　　　B. 先主后宾　　　　C. 宾主同时　　　　D. 先男后女

8. 在餐台的中心设有两层花插，中心花插选用一个70cm高的（　　）玻璃插花器，在其底部设有一菱形花插，菱形花插长角两端用花草接至餐台的两端，并在两端各设一个小插花器插摆花草。
   A. 瓶子　　　　　　B. 管子　　　　　　C. 柱式　　　　　　D. 管式

9. 西餐零点服务中餐厅服务员为客人送菜单时要按照先宾后主、（　　）的原则。
   A. 老人优先　　　　B. 女士优先　　　　C. 小孩优先　　　　D. 主人优先

10. 感官鉴定是以人们的感觉器官对食品的感官性状进行鉴定，从色、香、味、形四个方面和（　　）进行对比鉴别。

    A. 正常食品　　　　B. 所用原料　　　　C. 其他食品的照片　D. 菜肴本身的价格

11. （　　）的做法是不符合餐厅棉织品的卫生要求的。

    A. 客用小毛巾一客一消　　　　　　B. 台布一餐一换

    C. 折叠餐花前双手须消毒　　　　　　D. 餐巾一客一消

12. 植物花台种类繁多，选用花草时，应根据宾客的风俗习惯而定，不宜使用（　　）花草，可使用果蔬雕刻的花、鸟、鱼、虫与鲜花配用。

    A. 植物　　　　　　B. 非植物　　　　　C. 价格低廉　　　　D. 价格昂贵

13. 西餐服务中餐厅服务员根据客人所定的食品摆放餐具，做法正确的是（　　）。

    A. 最先食用的菜肴餐具摆在最外侧

    B. 最先食用的菜肴餐具摆在最里侧

    C. 根据客人的习惯摆放餐具

    D. 最先食用的菜肴餐具摆在垫盘上侧

14. 牛奶的消毒采用温度80℃—90℃、时间30—60秒，这种方法称为（　　）。

    A. 煮沸消毒法　　　B. 巴氏消毒法　　　C. 蒸汽消毒法　　　D. 干烤消毒法

15. 及时将菜肴、点心、水果等送到看台服务员手中，做到不错、不漏、不提前、不落后，这是（　　）的岗位职责。

    A. 宴会指挥员　　　B. 传菜服务员　　　C. 迎宾服务员　　　D. 看台服务员

16. （　　）是高档宴会摆台要求之一。

    A. 餐具无破损　　　　　　　　　　B. 无须摆酒具

    C. 餐具摆放要突出个性化　　　　　　D. 酒具是否摆放视每个人饮酒情况而定

17. 由于鲜花（　　）不同，有的一枝多花，就需要适当去尖整形，在去尖时切忌用剪刀剪，而应用手将要去掉的花蕾从根部掰去，这样去尖的效果显得既自然又不失其美观。

    A. 花期　　　　　　B. 品种　　　　　　C. 样式　　　　　　D. 季节

18. 性急求快客人一般在价格、品种上不太计较，他们时间观念强，要求速战速决，他们（　　）。

    A. 烦躁易怒　　　　B. 能耐心等待　　　C. 心情平静　　　　D. 态度蛮横

19. 开拓创新就是要（　　）。

    A. 你无我有，你有我优　　　　　　B. 不能墨守成规，但也不能标新立异

    C. 大胆破除现有的结论，自创理论体系　D. 激发人的灵感，遏制冲动的情感

20. （　　）姿态不符合服务员正确站姿要领。

    A. 目光上扬　　　　B. 肩平挺胸　　　　C. 两腿相靠，直立　D. 直腰收腹

21. 不属于餐厅初级、中级餐厅服务员培训内容的是（　　）。

    A. 制定宴会菜单　　B. 服务知识　　　　C. 专业素质　　　　D. 服务技能

22. 3.5°是特制五星啤酒的（　　　）。

　　A. 原麦芽汁含量　　B. 最佳饮用温度　　C. 乙醇含量　　D. 含糖量

23. 去掉蜡台上滴落的烛液，做法正确的是（　　　）。

　　A. 用砂纸磨　　　　B. 用小刀刮　　　　C. 用凉水冲　　　D. 用开水烫

24. 红葡萄酒杯容量为（　　　）。

　　A. 7 盎司　　　　　B. 10 盎司　　　　　C. 8 盎司　　　　D. 9 盎司

25. 乌龙茶介于红茶和绿茶之间，属（　　　）。

　　A. 发酵茶　　　　　B. 不发酵茶　　　　C. 全发酵茶　　　D. 半发酵茶

26. 餐厅服务员为客人送洗的衣服，应该在（　　　），送还给客人。

　　A. 客人用餐完毕时将衣服拿回　　　　　B. 当天晚上 12 点以前

　　C. 第二天中午以前　　　　　　　　　　D. 24 小时后

27. 在法国，餐前饮用的往往是（　　　）。

　　A. 白兰地　　　　　B. 利口酒　　　　　C. 白葡萄酒　　　D. 红葡萄酒

28. 职业道德是一种（　　　）的约束机制。

　　A. 强制性　　　　　B. 非强制性　　　　C. 随意性　　　　D. 自发性

29. 为生理有缺陷的客人服务的原则是（　　　）。

　　A. 用好奇的目光注视客人　　　　　　　B. 在客人背后窃窃私语

　　C. 服务应有针对性　　　　　　　　　　D. 模仿客人

30. 西餐宴会摆台中餐具的摆放是以宴会的（　　　）为依据。

　　A. 菜单内容　　　　B. 规模　　　　　　C. 消费标准　　　D. 客人用餐习惯

31. 京菜融合了汉族、（　　　）、满族、回族等民族的烹饪技艺，吸收了全国主要地方风味，尤其是山东风味，形成了自己的特色。

　　A. 藏族　　　　　　B. 壮族　　　　　　C. 土家族　　　　D. 蒙古族

32. 插花容器的种类很多，以下四项中的（　　　）不属于插花的容器。

　　A. 漆器容器　　　　B. 混纺容器　　　　C. 玻璃容器　　　D. 天然石容器

33. 餐厅服务员可通过（　　　）来真诚表达对客人的美好情感。

　　A. 华丽的装束　　　　　　　　　　　　B. 苗条的身材

　　C. 语言、表情、手势的选择　　　　　　D. 语言、表情、首饰的选择

34. 酒液橙黄色至深褐色、清亮透明是高档优质（　　　）酒色的质量标准。

　　A. 啤酒　　　　　　B. 白兰地　　　　　C. 白酒　　　　　D. 黄酒

35. 高档寿宴选用（　　　）台布和餐巾，用紫色丝绒做台裙，这样会使宴会气氛更加浓烈。

　　A. 蛋黄色　　　　　B. 米黄色　　　　　C. 深黄色　　　　D. 杏黄色

36. 膳食中热量来自粮谷类、薯类、豆类和（　　　）食物。

　　A. 植物性　　　　　B. 海洋性　　　　　C. 大陆性　　　　D. 动物性

37. 改变细菌（　　　）可减少细菌的繁殖，是预防食品被细菌污染的方法。

A. 水分   B. 温度

C. 营养适宜的条件   D. 温度、水分、营养适宜的条件

38. 盲人来用餐时，餐厅服务员（　　）的做法是不对的。

    A. 在介绍菜点时尽量使用色彩漂亮等词句

    B. 安排客人在远离进出通道的座位上

    C. 结账时耐心向客人解释账单

    D. 送客时尽量将客人送到其要去的地方

39. 在自然界中只有由多种食物构成的膳食，营养素才会种类齐全、（　　）、比例适宜，才利于人体吸收利用，这种膳食被称为平衡膳食。

    A. 数量充足   B. 数量有限   C. 数量多少   D. 数量不足

40. 西餐零点餐后客人结账，餐厅服务员应用适当的方式把账单送给客人，并按服务程序请客人结账、（　　）。

    A. 真诚感谢客人的惠顾

    B. 示意客人已到下班时间，请尽快离开

    C. 同时请客人出示身份证

    D. 告之客人找回的零钱，作为小费不能给客人

41. 餐饮工作的特点之一是（　　）。

    A. 间隙性   B. 连续性

    C. 一种追加劳动   D. 一天 24 小时持续不断

42. 常用服务用语要素包括：表谦表敬的谦词敬语、（　　）、亲切柔和的语调以及温和委婉的语气等。

    A. 庄重典雅的服务   B. 语气浮华的虚词

    C. 庄重典雅的措辞   D. 语气严肃的实词

43. 下列（　　）不属于学习途径。

    A. 郊游放松心情   B. 读书

    C. 参加社会实践   D. 向周围人学习

44. 协调餐厅服务员与后台厨房之间的关系，下列（　　）做法是正确的。

    A. 餐厅服务员在为客人服务时，积极地宣传厨师

    B. 客人对菜肴有意见时，餐厅服务员只向上级反映

    C. 当客人对菜肴不满时，告之客人这是厨师的责任

    D. 在送菜单时大声地命令厨师

45. 圆形餐台摆放花坛时，花坛的大小要根据餐台面而定，花坛的设置应注意不要影响摆放冷菜，花坛的高度不得高于客人（　　）后平视的高度。

    A. 弯腰   B. 起身   C. 落座   D. 站起

46. 开蓓适用于（　　）的花朵，如康乃馨为了便于使用，可用双手将花朵下边的花托从瓣形处拉开，再轻轻地将花瓣掰一掰，使花朵既显大又不影响花期。

    A. 根本不会开   B. 似开又不完全开 C. 不适合开   D. 即将凋谢

47. 山西菜由太原菜、运城菜、临汾菜、（   ）菜组成。

    A. 汾阳   B. 大同   C. 五台   D. 榆次

48. 夏季熟肉制品出锅后，24 小时内不食用必须（   ）。

    A. 倒掉   B. 趁热放入冰箱保存

    C. 放入冷冻箱中储存   D. 回锅加热

49. 不属于餐厅服务员运用语言表示情感因素重要性的是（   ）。

    A. 提高企业的效益   B. 增加服务员的晋升机会

    C. 树立企业形象   D. 展示服务员的操作技能

50. 当餐厅突然发生停电事故时，餐厅服务员做法正确的是（   ）。

    A. 告诉客人餐厅停止营业了，让客人赶快离开

    B. 特别留意用餐完毕没有结账的客人，防止跑单

    C. 发给每位客人一个手电筒，用以照明

    D. 告诉客人这是餐厅与客人做的游戏，不要慌张

51. 清真菜菜肴品种繁多，其代表菜有（   ）。

    A. 三皮丝   B. 腊味合蒸   C. 鸡肚爆   D. 奶汤炖广肚

52. 我们为客人采取灵活服务的原因是（   ）。

    A. 客人用餐目的不同   B. 餐厅服务员的工作方法不同

    C. 餐厅光线太暗   D. 菜肴价格太高

53. 切花的技巧是完成插花工作的基础，标准的切花技巧有花茎要斜切、去尖定型、开蓓、修枝和（   ）等。

    A. 剪花   B. 剪枝   C. 修叶   D. 剪草

54. 男服务员站立时，双脚与肩同宽，上体（   ），不可把脚叉开很大。

    A. 保持正直   B. 略微前倾   C. 挺胸仰头   D. 耸肩勾背

55. 微笑服务的意义之一是它是一种（   ）。

    A. 操作技能   B. 个人习惯

    C. 无声的礼貌语言   D. 提高菜肴质量的一种方法

56. 竭诚为客人服务，就是要求餐厅服务员要树立"（   ）"的意识，一切想在客人预料之前。

    A. 加班服务   B. 有偿服务   C. 超前服务   D. 服从服务

57. 豆类食品蛋白质的含量很高，赤豆达（   ）% 左右。

    A. 13   B. 15   C. 17   D. 19

58. 陕西菜调味突出主味，味纯正而主次分明，以（   ）为长的特点，并影响我国西北地区的菜肴特色。

    A. 酸辣   B. 辣椒   C. 姜   D. 葱丝

59. 西餐花环式花台适用于（   ）宴会，它采用环绕餐台四周制作一个花环的方法

装点布置花台，花环多用冬青草和鲜花点缀，并注意颜色的协调、距离的均匀、花草品种的搭配对称。

    A. 贵宾　　　　　　B. 客人　　　　　　C. 来宾　　　　　　D. 顾客

60. 宴会看台服务员要做到的"三了解"之一是了解宾客的生活（　　　）。

    A. 规律　　　　　　B. 观念　　　　　　C. 态度　　　　　　D. 忌讳

61. 对客人的称呼，（　　　）不符合服务敬语的要求。

    A. 对第一次来就餐的男宾应称"先生"　　B. 对熟悉的客人称绰号

    C. 对熟悉的客人准确道出其姓氏和职务　　D. 对初次见面的女宾应称"女士"

62. 对于客人提出代为保管食品的要求，餐厅规定（　　　）。

    A. 必须满足客人要求，代为保管

    B. 可以代为保管，但必须收取较高的费用

    C. 一般不可以为客人保管食品

    D. 无论任何情况，绝不允许为客人保管食品

63. 烹饪与服务有着相辅相成、相互依托、（　　　）的关系。

    A. 不可分离　　　　B. 相互独立　　　　C. 互相制约　　　　D. 互为干扰

64. 西餐服务接受预定的餐厅服务员要能准确记录客人的（　　　）、用餐时间、用餐人数及特殊要求。

    A. 职务　　　　　　B. 姓名　　　　　　C. 收入　　　　　　D. 健康状况

65. 优化营养素之间的比例，如豆腐烧鱼，平衡（　　　）之比，利于吸收。

    A. 铁、钠　　　　　B. 钠、镁　　　　　C. 钙、磷　　　　　D. 钙、镁

66. 淮扬菜由淮扬、金陵、（　　　）、徐海等几大地方风味组成。

    A. 扬州　　　　　　B. 常州　　　　　　C. 苏锡　　　　　　D. 苏州

67. 下列（　　　）是董酒的酿造原料。

    A. 以红高粱、糯米、大米、小麦及玉米为原料，用小麦制曲

    B. 以高粱为主要原料，用大麦、小麦、豌豆制曲

    C. 以糯高粱为原料，用小麦制曲

    D. 以糯高粱为酿酒原料，加入中药材的大曲和小曲

68. 食品生产经营者对（　　　）情况应依法承担民事赔偿责任。

    A. 因其他违法行为给他人造成损害的

    B. 无健康证上岗的

    C. 在工作中吸烟、饮酒的

    D. 以暴力威胁方法阻碍食品卫生监督管理人员依法执行公务的

69. 西餐餐后客人如果只是喝咖啡，杯具要放于客人的（　　　），同时提供白砂糖、淡牛奶，温度要滚烫。

    A. 左前方　　　　　B. 右前方　　　　　C. 侧前方　　　　　D. 正前方

70. （　　　）不是鸡尾酒杯的特点。

A. 容量为 12 盎司　　　　　　　　B. 容量为 3.5 盎司

C. 传统的酒杯通常呈倒三角形或梯形　　D. 不带任何花纹和色彩的异形酒杯

71. 奶类食品营养丰富，因为奶中的酪蛋白、白蛋白和球蛋白均含有人体（　　）氨基酸。

A. 不需要　　　　B. 全部　　　　C. 一定　　　　D. 必需

72. 中餐宴会厅所用的家具是宴会服务所必需的物质保证，各种家具应力求配套组合，颜色、（　　）、格调一致。

A. 样式　　　　B. 形象　　　　C. 模式　　　　D. 质地

73. 由于客人醉酒较重，餐厅服务员应该将客人请到（　　），请客人先醒酒。

A. 财务办公室　　　　　　　　　　B. 餐厅门口通风处

C. 一个比较安静的相对能够隔离的空间里　D. 餐厅客人较多的地方

74. 餐厅的销售额与（　　）是有联系的。

A. 配备涉及固定费用员工的数量　　B. 配备涉及变动成本员工的数量

C. 餐厅的面积　　　　　　　　　　D. 员工的年龄

75. 人体蛋白质中有 8 种氨基酸被称为必需氨基酸，人体自身不能（　　），所以要由食物蛋白质来提供。

A. 储存　　　　B. 培养　　　　C. 吸收　　　　D. 合成

76. 高档宴会布置场地时，宴会的（　　）因素无须考虑。

A. 规格　　　　B. 标准　　　　C. 性质　　　　D. 菜肴的品种

77. 成人每日脂类的摄入量约为 50g，应占膳食总热量的（　　）。

A. 10%—15%　　B. 5%—20%　　C. 20%—25%　　D. 25%—30%

78. 酒吧选用（　　）时应遵循的两个标准：一是习惯性标准，二是美观性标准。

A. 酒水　　　　B. 酒杯　　　　C. 量酒器　　　　D. 托盘

79. 食品在冰箱中存放，不符合要求的是（　　）。

A. 肉类食品无论生熟都放在一起　　B. 成品与半成品分开存放

C. 后放进的食品放在冰箱的里边　　D. 生食与熟食分开存放

80. 炒肝是（　　）的小吃。

A. 上海　　　　B. 北京　　　　C. 广东　　　　D. 四川

二、判断题（每题 1 分，共 20 分）

1. （　　）灭菌是杀灭环境中所有微生物的技术。

2. （　　）安全用电要求之一是搞卫生时，应避免电线插座进水。

3. （　　）西餐宴会一般需要三种形态的酒杯，供饮用佐餐酒、餐后酒、汽酒。

4. （　　）观灯是元宵节的一项民间活动。

5. （　　）"怀旧"也是就餐消费者的一种心理需求。

6. （　　）餐厅服务要对寻求知识的客人介绍餐厅的历史、菜肴典故、经营特色及风土人情等。

7. （　　）湖南菜讲究入味，形成了重酸辣、鲜香、软嫩的特色。

8. （　　）为满足客人受尊重的心理，对生理有缺陷的客人，我们应该加倍给予关注，让他们体验到热情周到的服务。

9. （　　）对客人的遗留物品能自己处理的就不用向上级汇报。

10. （　　）如果企业收入增加，节约开支，提高毛利额，增加职工人数，那么企业的劳动生产力就提高了。

11. （　　）在高档中餐宴会送客时一名迎宾员为10—30位客人提供服务。

12. （　　）配菜中注意荤素的搭配，如翡翠虾仁，加入豌豆可弥补动物性食物维生素和纤维素的不足。

13. （　　）餐厅服务员在工作中要廉洁奉公，就是要特别关照自己的亲朋好友，以免引起他们的不满。

14. （　　）餐厅各种设备要有专人管理，转移有手续。

15. （　　）白兰地杯容量为3.5盎司。

16. （　　）食品入库验收时主要检查食品的数量和卫生状况。

17. （　　）道德的核心是利益。

18. （　　）礼貌只是指礼貌语言的具体要求。

19. （　　）在清明节当天采摘的茶叶叫明前茶。

20. （　　）行为表情是礼仪要素的唯一要求。

高级餐厅服务员理论知识考核模拟试卷 2

一、单选题（每题1分，共80分）

1. 下列（　　）的做法符合餐厅服务员工作中的举止要求。
   A. 站立时间过长，用手叉腰稍作休息
   B. 工作中为振作精神适量饮酒
   C. 打喷嚏、打哈欠时用手帕掩住，面向一旁
   D. 在客人面前修指甲

2. 肉、蛋、（　　）等食物及核桃、啤酒等在人体内经代谢，最终成酸性，叫酸性食物。
   A. 白面　　　　　B. 米　　　　　C. 牛奶　　　　　D. 栗子

3. 西餐服务（　　），服务员应向客人征询是否需要提供餐前酒、鸡尾酒服务。
   A. 客人看菜单时　B. 客人看展台时　C. 客人喝酒水时　D. 吃面包时

4. 高级餐厅服务员是对初级、中级餐厅服务员（　　）的主要承担者。
   A. 启蒙教育　　　B. 个人素质教育　C. 道德品质培养　D. 实施培训

5. 花卉有很强的装饰作用，不同的花卉所含的寓意不同，商务洽谈可以摆放常青植物，（　　）花卉，以示双方合作愉快。
   A. 兰花　　　　　B. 剑兰　　　　　C. 富贵竹　　　　D. 发财树

6. 客人没有喝完的酒品，要求餐厅代为保管，餐厅服务员应该（　　）。
   A. 告诉客人只保管白酒类
   B. 告诉客人保管的期限只有3天
   C. 根据酒的种类和客人的具体情况酌情处理
   D. 告诉客人必须有餐厅经理的批条才行

7. 谷物食品是我国人民膳食中最经济的（　　）来源，膳食中蛋白质的一半是由谷物提供的。
   A. 脂类　　　　　B. 热量　　　　　C. 饮食　　　　　D. 纤维素

8. （　　）不是影响餐饮企业人员定额定编的因素。
   A. 加工技术的复杂程度　　　　　B. 餐厅的面积
   C. 员工的素质　　　　　　　　　D. 服务的类别

9. 西餐零点服务的特点之一是零点服务（　　）强。
   A. 时间性　　　　B. 工作性　　　　C. 娱乐性　　　　D. 价格性

10. （　　）属掺杂食品。
    A. 工业酒精兑制白酒　　　　　　　　B. 辣椒粉中加入橘子皮
    C. 茅台酒瓶装劣质酒　　　　　　　　D. 任意夸大保健功能的食品

11. （　　）是高档优质酱香型白酒"香"的质量标准。
    A. 有明显的焦麦芽香气　　　　　　　B. 蜜香浓郁、酒香醇正
    C. 酱香突出、优雅细腻　　　　　　　D. 清香醇正、有优雅的香气

12. （　　）是高档优质黄啤酒质量标准之一。
    A. 泡沫少　　　　　　　　　　　　　B. 泡沫持久、洁白细腻
    C. 无泡沫　　　　　　　　　　　　　D. 泡沫多且持久、微黄细腻

13. 禽肉类食品一般含蛋白质约 20%，能提供人体多种氨基酸。其特点是脂肪的
（　　）低，易消化。
    A. 燃烧　　　　　　B. 温度　　　　　　C. 熔点　　　　　　D. 熔断

14. 餐厅服务员为寻求环境优雅的客人选择（　　）、柔和的光线等条件。
    A. 幽静的空间　　　B. 高档的酒水　　　C. 窄小的空间　　　D. 实惠的食物

15. 鸡尾酒主要根据是否定型、酒精含量、（　　）、饮用时间和不同基酒分类。
    A. 饮用配食　　　　B. 饮用条件　　　　C. 饮用地点　　　　D. 饮用温度

16. （　　）是回族人喜欢食用的食品。
    A. 自死的禽畜　　　B. 牛羊肉罐头　　　C. 马肉　　　　　　D. 带鳞的鱼类

17. 高档玻璃杯具一般采用洗涤剂清洗，洗后用热水冲洗干净，然后用干净的（　　）
仔细擦干净。
    A. 专用台布　　　　B. 专用毛巾　　　　C. 专用餐巾布　　　D. 消毒纸巾

18. 餐厅服务员与客人交谈时（　　）的做法是不对的。
    A. 语音适量　　　　B. 速度适当　　　　C. 语言标准　　　　D. 高声与客人交谈

19. 营养配菜应注意菜肴颜色的搭配，一种是异色搭配，另一种是（　　）搭配。
    A. 同色　　　　　　B. 差色　　　　　　C. 顺色　　　　　　D. 彩色

20. 客人在进餐时由于说话、吃得过快等原因，可能出现被食物噎住的情况，此时，
客人的一般反应是脸色铁青，（　　），神情紧张，用手指捏咽喉等。
    A. 停止讲话　　　　B. 立即饮酒　　　　C. 紧闭双眼　　　　D. 鼻翼扇动

21. 西餐零点服务中当客人订餐时，餐厅服务员要告诉客人，牛排在烹调时有四种成
熟度，分别是全熟、八成熟、半熟和（　　）。
    A. 过熟　　　　　　B. 三成熟　　　　　C. 一成熟　　　　　D. 四成熟

22. （　　）是餐厅服务员在引领客人时的要求。
    A. 迎客走在后　　　　　　　　　　　B. 始终与客人并排
    C. 送客走在后　　　　　　　　　　　D. 遇台阶时，餐厅服务员要照顾好自己

23. 菌藻类食品不仅美味可口，是佐味之上品，还含有抗病毒、（　　）、降低胆固醇
的物质。

A　抗高血压　　　　B. 抗高血脂　　　　C. 抗癌　　　　D. 抗污染

24. 对有意损坏餐具的客人，餐厅服务员应该指出其错误，并要求他（　　）。

　　A. 半价赔偿　　　　B. 加价赔偿　　　　C. 照价赔偿　　　　D. 无须赔偿

25. 不属于伊斯兰教节日的是（　　）。

　　A. 啤酒节　　　　　B. 圣纪节　　　　　C. 古尔邦节　　　　D. 开斋节

26. 酱香型白酒的代表酒是（　　）。

　　A. 五粮液　　　　　B. 茅台酒　　　　　C. 汾酒　　　　　　D. 孔府家酒

27. 遇到（　　）的情况时，餐厅服务员可与公安部门一同解决。

　　A. 客人饮酒过度呕吐不止　　　　　　B. 客人酗酒闹事不听劝告

　　C. 客人发现菜肴中有异物　　　　　　D. 进餐客人突然昏迷

28. 隋唐时期对插花的程序已有严格的要求，而且非常讲究排场，如当时对插花所用工具、放置场所、养护（　　）、几架形状等都有严格的规定。

　　A. 人员　　　　　　B. 空气　　　　　　C. 水质　　　　　　D. 花期

29. 餐饮服务员要耐心向客人解释账单上的菜肴、主食、饮料等，待客人（　　）再收款。

　　A. 需要后　　　　　B. 休息后　　　　　C. 认可后　　　　　D. 烦躁后

30. 西餐零点服务中，服务主菜时，做法正确的是（　　）。

　　A. 在上菜之前为确保准确，要再次询问后再上

　　B. 要准确地按订单为客人服务，不能再次询问客人

　　C. 上菜时用右手拇指扣住盘边

　　D. 上菜时从客人的左侧服务

31. 西餐宴会服务员的平均工作量是每人负责（　　）位客人的服务。

　　A. 3　　　　　　　B. 4　　　　　　　C. 5　　　　　　　D. 6

32. 餐厅所用的金器，餐厅服务员在摆台时应戴白手套（　　）。

　　A. 以示卫生　　　　　　　　　　　　　B. 显得精神

　　C. 以免在餐具上留下手印　　　　　　　D. 以免手凉

33. 西餐零点服务甜点前，餐厅服务员应先将（　　）摆在客人的左手一侧。

　　A. 主菜刀　　　　　B. 主菜叉　　　　　C. 甜点勺　　　　　D. 汤勺

34. 下列（　　）的做法属于"超前服务"。

　　A. 在家长的要求下为用餐儿童换儿童座椅

　　B. 主动为客人斟茶

　　C. 为客人介绍菜肴

　　D. 为带小孩的客人照看小孩

35. 按卫生操作习惯，正确拿酒杯的方法是拿（　　）。

　　A. 杯口　　　　　　B. 杯底　　　　　　C. 靠近杯的底部　　D. 杯的上半部

36. 绿色被人们视为大自然的主色，使人有（　　）之感。

A. 华贵、神圣　　　　　　　　　　　　B. 纯净、典雅

C. 青春延续　　　　　　　　　　　　　D. 温馨、充满活力

37. 个人卫生制度要求员工每年必须进行（　　　）。

　　A. 个人工作总结　　B. 专业培训　　C. 军训　　D. 健康检查

38. 鱼类食品为（　　　）主要来源，也供给少量脂肪和丰富的无机盐。

　　A. 水　　　　　　B. 淀粉　　　　　C. 糖　　　　　D. 蛋白质

39. 如果餐厅服务员发现客人有心脏病或脑溢血的病症，（　　　），否则后果只会更糟。

　　A. 要不停晃动客人　　　　　　　　　B. 要将客人立即抬走

　　C. 要将客人扶到有床的房间，让客人躺下　　D. 一定不要移动客人

40. 餐饮服务中当客人反映菜肴不熟时，其处理方法应该是：若菜肴确实火候不够，餐厅服务员要立即将菜退回厨房，最好是（　　　）。

　　A. 将菜肴回锅重新制作　　　　　　　B. 重新做一份新菜

　　C. 将菜肴进一步加味　　　　　　　　D. 将菜肴进行加热

41. 鸡尾酒常用的命名方法有五种，下列不属于五种之一的是（　　　）

　　A. 用形象和寓意命名　　　　　　　　B. 按基酒的产地命名

　　C. 以人名、地名、公司名等命名　　　D. 用相关故事命名

42. 福建菜也称闽菜，它由福州、（　　　）、泉州等地方菜组成。

　　A. 广州　　　　　B. 厦门　　　　　C. 鼓浪屿　　　D. 月牙泉

43. 服务中应有的服务态度是（　　　）。

　　A. 冷漠　　　　　B. 挑剔　　　　　C. 讥笑　　　　　D. 热情

44. 味美思是配制酒，它是以葡萄酒为酒基，配以（　　　），再加入其他原料制成的。

　　A. 威士忌　　　　B. 白酒　　　　　C. 汤力水　　　D. 白兰地

45. 花茶主要以绿茶为原茶，经干燥加入（　　　）窨制而成的。

　　A. 干花　　　　　B. 鲜花　　　　　C. 兰花　　　　　D. 牡丹花

46. 日本料理吃生鱼片时要蘸酱油，配上（　　　）。

　　A. 芥末　　　　　B. 辣椒　　　　　C. 生菜　　　　　D. 水果

47. 中国（　　　）是世界著名的六大蒸馏酒之一。

　　A. 啤酒　　　　　B. 果酒　　　　　C. 白酒　　　　　D. 黄酒

48. 不符合引位要领的姿态是（　　　）。

　　A. 前臂自然上抬伸直　　　　　　　　B. 眼睛看着客人

　　C. 掌心向上、四指并拢，大拇指张开　　D. 上身前倾

49. 蔬菜和水果类食品是我们膳食中的重要食品，其主要含（　　　）。

　　A. 维生素 C、胡萝卜素、维生素 B_2　　B. 无机盐和矿物质

　　C. 脂肪和胆固醇　　　　　　　　　　D. 果糖和乳糖

50. 在制作红茶时，通常选用新鲜的茶叶，经过凋萎、揉捻、（　　　）、干燥等工艺处

理，使其原有的绿色变为红色。

    A. 发酵   B. 杀青   C. 蒸压   D. 烘烤

51. 生鱼、肉类若长期保存，冷藏的温度应为（   ）。

    A. -4℃左右   B. -7℃——-10℃   C. -10℃——-15℃   D. -18℃以下

52. 下列白酒属于清香型的是（   ）。

    A. 郎酒   B. 古井贡酒   C. 双钩大曲   D. 汾酒

53. （   ）是理智性消费的特点之一。

    A. 消费目的性很强   B. 没有规律性

    C. 人数极少   D. 消费标准没有计划

54. 生理性消费类型属（   ）。

    A. 经济型   B. 豪华型   C. 高档消费   D. 超豪华型

55. 为缓解客人与厨房工作的矛盾，餐厅服务员（   ）的做法是正确的。

    A. 向客人提供优质服务

    B. 告诉客人对菜肴质量不满应直接去找厨师

    C. 将对菜肴质量有意见的客人引领到厨师长面前

    D. 对客人的意见置之不理

56. 中心型插花台通常适用于一字形长台，其花插的长直径为40—50cm，短直径为20—25cm，长菱形、（   ）花插，花插应放置在餐台正中位置。

    A. 椭圆形   B. 圆形   C. 正方形   D. 长方形

57. 新餐厅服务员上岗培训应由（   ）来承担。

    A. 人力资源部   B. 经理办公室   C. 保卫部   D. 财务部

58. 西餐服务中客人在订了葡萄酒之后，餐厅服务员要（   ）。

    A. 向客人介绍酒的发展历史

    B. 先让客人免费品尝一杯

    C. 提供葡萄酒的展示、开启、品评酒质和斟酒服务等

    D. 立即向客人收费，以免跑账

59. 对（   ）的检查，属于宴会前卫生检查的内容。

    A. 电源开关   B. 台面的布局

    C. 菜肴食品的卫生   D. 服务员摆台是否规格化

60. 畜肉类食品不能提供的营养成分是（   ）。

    A. 无机盐   B. 纤维素   C. 蛋白质   D. 维生素

61. 西餐零点服务头盘，撤盘时做法正确的是（   ）。

    A. 一位客人吃完后，就撤去一位客人的餐具

    B. 待客人全部放下刀、叉后，先询问，得到允许后撤下

    C. 待客人全部放下刀、叉后，无须询问立即撤下

    D. 待客人全部放下刀、叉后，等客人招呼餐厅服务员后才能撤下

62. 泡茶时，一般冲泡乌龙茶等特种茶时需（   ）的开水，冲泡西湖龙井等高档细嫩茶叶时需（   ）的水温。

    A. 100℃；100℃   B. 80℃；80℃

    C. 100℃；80℃   D. 80℃；100℃

63. 餐厅服务员在工作中，"自我牺牲的奉献精神"是（   ）

    A. 将自己的生命置之度外   B. 要有无私奉献精神

    C. 为朋友勇于拔刀相助   D. 强调物质方面不斤斤计较

64. （   ）属于食品的污染。

    A. 在食品中添加没有营养价值的物品

    B. 有毒有害物质进入正常食品，对人体健康构成威胁

    C. 从原有食品中抽去营养成分，降低原有食品的质量

    D. 食品成分以次充好

65. （   ）是宴会指挥员的职责。

    A. 主动为客人上毛巾、洗手盅等

    B. 筹备宴会所使用的餐酒用具及其他所需用品

    C. 协助看台服务员做好联系工作

    D. 协助整理菜台、服务桌

66. 四川菜主要由成都菜、（   ）菜、自贡菜和佛斋菜组成。

    A. 内江   B. 万县   C. 江凌   D. 重庆

67. 广东人的饮食特点是菜肴以（   ）为适口。

    A. 清淡少油、重色彩、讲味道   B. 咸、鲜、麻、辣、浓

    C. 口味稍重、油大偏咸   D. 口味清淡、香脆

68. 正常膳食主食的热量最少占总热量的（   ）。

    A. 20%—30%   B. 30%—40%   C. 40%—50%   D. 50%—60%

69. （   ）不会对劳动定额产生影响。

    A. 设备条件   B. 进餐的档次   C. 提供的餐别   D. 客人的兴趣

70. （   ）不是寻求环境优雅的客人就餐的目的。

    A. 延伸社会生活   B. 寻求良好人际关系

    C. 品尝风味菜肴   D. 寻求身心愉快的空间

71. 唇膏的选用要与肤色相配，一般来说偏红色适于（   ）。

    A. 深黑皮肤   B. 肤色较白者   C. 肤色偏黄者   D. 红润皮肤者

72. 餐厅做好客人数和菜品数的（   ）就能较精确地预测每日的营业量。

    A. 预算   B. 猜测   C. 相同   D. 统计

73. （   ）的说法可体现插花艺术的含义。

    A. 人们对自然生长的植物，直接摆成植物的艺术品

    B. 人们用各种假花插摆成植物艺术品

C. 人们仅对自然生长的果实，经构思、设计、选材、雕刻而形成的植物艺术品

D. 人们对自然生长的植物，经构思、设计、选材、雕刻而形成的植物艺术品

74. 蛋类食品可提供极为丰富的必需（　　），利用率可达 99.6%，完全蛋白质的含量为 13%—15%。

    A. 氨基酸　　　　　B. 谷氨酸　　　　　C. 氯氨酸　　　　　D. 胆固醇

75. 西餐零点服务中客人用完汤后，征得客人同意，餐厅服务员从客人右侧将汤盘连同（　　）和汤勺一同撤下。

    A. 餐巾　　　　　　B. 毛巾　　　　　　C. 葡萄酒杯　　　　D. 垫盘

76. 宴会设置的服务岗位有迎宾服务员、看台服务员、传菜服务员及宴会组织（　　）人员等。

    A. 参观　　　　　　B. 监督　　　　　　C. 调查　　　　　　D. 指挥

77. 市场经济条件下，不符合爱岗敬业要求的是（　　）的观念。

    A. 转行多，锻炼多　　　　　　　　B. 树立职业理想

    C. 强化职业责任　　　　　　　　　D. 干一行，爱一行

78. 环境布置要显示隆重、庄重、友好、热情气氛，适用于（　　）。

    A. 婚宴　　　　　　　　　　　　　B. 寿宴

    C. 欢迎宴　　　　　　　　　　　　D. 国宴及政府机构举办的重要宴会

79. 蜡烛一般在（　　）点燃，它给人一种温馨、柔和的感受。

    A. 宴会开始时　　　B. 宴会进行中　　　C. 宴会结束时　　　D. 视情况而定

80. 不属于非计划性消费类型特点的是（　　）。

    A. 在时间上很有规律性　　　　　　B. 偶然性多于规律性

    C. 比较讲究排场　　　　　　　　　D. 从心理上来讲请客和品味兼而有之

二、判断题（每题 1 分，共 20 分）

1. （　　）北方人多喜欢花茶，江浙一带的人喜欢西湖龙井茶。

2. （　　）济南菜以省会烟台为中心，以烹调丰富、独特多样、制作精细、长于制汤为主要特色。

3. （　　）餐厅插花原料选用上的要求：一星级以上的饭店或一星级以上的酒楼基本全部摆放鲜花实木，而纸花、绢花和塑料花应杜绝使用。

4. （　　）对性急求快的宾客，餐饮接待服务应突出一个"快"字。

5. （　　）杜康酒因制酒人名而得名。

6. （　　）餐厅服务员使用服务语言时要注意服务用语应字斟句酌，话语稳重，不要信口开河。

7. （　　）用于消毒的过氧化物制剂，其浓度应为 65%—75%。

8. （　　）上海菜口味注重真味，讲究清淡而多层次，质感鲜明。

9. （　　）杏槟杯常用于庆典场合，也可用来盛鸡尾酒。

10. （　　）忠于职守，就是工作要尽职尽责。

11. （　　）大部分地区的藏族人爱吃鱼类食品。

12. （　　）高档宴会安全检查之一是应检查宴会所需燃料等易燃品是否有专人负责。

13. （　　）茶具、酒具用浓度为3‰—5‰的含氯制剂消毒时应浸泡10分钟。

14. （　　）服务质量的好坏可通过服务态度体现，与职业道德无关。

15. （　　）餐厅服务员上岗时可戴手表、手镯和手链。

16. （　　）平衡膳食的设计步骤之一是根据用餐人员的年龄、性别、劳动强度、生理状况确定每日各种动物性食物的供给量标准。

17. （　　）1995年10月30日公布实施的卫生法律是《中华人民共和国食品卫生法》。

18. （　　）道德是处理人与人之间各种关系的一种特殊的行为规范。

19. （　　）高档酒杯用过后都要及时清洗、消毒，然后用干净的餐巾布擦干。

20. （　　）紧压茶属加工复制茶类，以绿茶、黑茶、红茶等为原料，经蒸压制成各种不同形状的茶砖或茶块。

各模块练习题和模拟试卷参考答案

模块1　练习题参考答案

一、单选题

1．B　2．D　3．A　4．B　5．C　6．C　7．A　8．B　9．C　10．C

二、判断题

1．×　2．√　3．√　4．√　5．√　6．×　7．√　8．×　9．×　10．×

模块2　练习题参考答案

一、单选题

1．B　2．C　3．C　4．B　5．A　6．D　7．D　8．D　9．C　10．A　11．A
12．A　13．A　14．B

二、判断题

1．×　2．√　3．√　4．×　5．√　6．×　7．√　8．√　9．√　10．×

模块3　练习题参考答案

一、单选题

1．A　2．A　3．D　4．D　5．A　6．C　7．D　8．B　9．B　10．B

二、判断题

1．√　2．×　3．×　4．√　5．√　6．√　7．×　8．√

模块4 练习题参考答案

一、单选题

1．A 2．C 3．B 4．B 5．B 6．D 7．C 8．B 9．C 10．C 11．A
12．C 13．A 14．C 15．B 16．D 17．A 18．C 19．D 20．A 21．B
22．B 23．A 24．D 25．B

二、判断题

1．√ 2．√ 3．√ 4．√ 5．× 6．× 7．× 8．√ 9．√ 10．×
11．√ 12．× 13．× 14．√

模块5 练习题参考答案

一、单选题

1．B 2．B 3．D 4．C 5．B 6．D 7．A 8．B 9．D 10．C 11．D
12．C 13．A 14．C 15．A 16．B 17．B 18．C 19．B 20．D 21．B

二、判断题

1．√ 2．× 3．× 4．√ 5．√ 6．√ 7．× 8．× 9．√ 10．×
11．√ 12．× 13．√ 14．× 15．√ 16．× 17．√ 18．× 19．×
20．× 21．× 22．× 23．× 24．× 25．× 26．× 27．√ 28．√
29．√ 30．√ 31．√ 32．× 33．× 34．√ 35．× 36．√ 37．×
38．×

模块6 练习题参考答案

一、单选题

1．D 2．A 3．A 4．C 5．A 6．D 7．A

二、判断题

1．√ 2．√ 3．√ 4．× 5．× 6．√

模拟试卷 1 参考答案

一、选择题

1. A	2. B	3. D	4. C	5. D	6. A	7. A	8. C	9. B	10. A
11. A	12. B	13. A	14. B	15. B	16. A	17. B	18. A	19. A	20. A
21. A	22. C	23. D	24. C	25. D	26. A	27. B	28. B	29. C	30. A
31. D	32. B	33. C	34. D	35. D	36. D	37. D	38. A	39. A	40. A
41. A	42. C	43. A	44. A	45. C	46. B	47. C	48. D	49. D	50. B
51. C	52. A	53. D	54. A	55. C	56. C	57. D	58. A	59. A	60. D
61. B	62. C	63. A	64. B	65. C	66. C	67. D	68. A	69. D	70. A
71. D	72. A	73. C	74. B	75. D	76. D	77. C	78. B	79. A	80. B

二、判断题

1. ×	2. √	3. √	4. √	5. √	6. √	7. √	8. √	9. ×	10. ×
11. √	12. √	13. ×	14. √	15. ×	16. ×	17. √	18. ×	19. ×	20. ×

模拟试卷 2 参考答案

一、单选题

1. C	2. B	3. A	4. D	5. B	6. C	7. B	8. C	9. A	10. B
11. C	12. B	13. C	14. A	15. D	16. D	17. C	18. D	19. C	20. A
21. B	22. C	23. C	24. C	25. A	26. B	27. B	28. C	29. C	30. B
31. C	32. C	33. C	34. D	35. C	36. C	37. D	38. D	39. D	40. B
41. B	42. B	43. D	44. D	45. B	46. A	47. C	48. B	49. A	50. A
51. D	52. D	53. A	54. A	55. A	56. A	57. A	58. C	59. C	60. B
61. B	62. C	63. B	64. B	65. B	66. D	67. A	68. D	69. D	70. C
71. C	72. D	73. D	74. A	75. D	76. D	77. A	78. D	79. A	80. A

二、判断题

1. √	2. ×	3. ×	4. √	5. √	6. √	7. ×	8. √	9. √	10. √
11. ×	12. √	13. ×	14. ×	15. ×	16. √	17. √	18. √	19. √	20. √

第二部分　操作技能

宴会摆台

精练 1 中餐主题宴会摆台

训练项目：选用中餐圆台，10人餐位，进行中高档中餐主题宴会摆台及斟酒服务。

一、物品准备要求

序号	名称	规格	单位	数量	备注
1	中餐厅		间	1	
2	中餐圆台	直径180cm	张	1	
3	工作台		张	1	
4	工作台布		块	1	
5	餐椅		把	10	
6	托盘		个	2	
7	托盘垫布		块	2	
8	瓷制大盘		个	1	折餐巾折花用
9	中国红葡萄酒		瓶	1	
10	茅台酒瓶		个	1	酒水替代
11	斟酒巾布		块	1	擦拭瓶口
12	骨碟		个	12	
13	勺垫		个	10	
14	瓷勺		把	10	
15	红酒杯		个	10	
16	白酒杯		个	10	
17	筷子架		个	10	
18	筷子		双	12	
19	公用勺	不锈钢	把	2	

（续上表）

序号	名称	规格	单位	数量	备注
20	牙签盅		个	2	
21	水杯		个	10	
22	抹布		块	1	酒水回瓶用
23	秒表		块	1	

二、场地要求

（1）场地要求设在正规餐厅或同于正规餐厅的模拟餐厅，要光线充足、房间清洁、地面干净。

（2）所需餐椅按10人餐位摆放于餐台的四周，使之呈"3 3 2 2"并列状。

（3）将摆台所需物品整齐、规范地摆放在工作台上，并做到摆放合理有序。

三、具体要求

1. 完成时间：20分钟

2. 模式：实操

3. 操作程序

（1）在规定时间内独立、规范地完成10人餐位中高档中餐主题宴会摆台。

（2）摆台前双手要进行消毒。

（3）站在第二主人位餐椅处抖铺台布。

（4）铺设桌裙：将桌裙顺桌沿方向折口向左顺时针铺设，用尼龙搭扣或桌裙夹固定在桌沿上，桌裙绷紧、拉直、围严，铺设桌裙不计入考核时间。

（5）摆放餐酒用具，用托盘按序进行托摆。

①第一托：骨碟12个、勺垫10个、瓷勺10把。

②第二托：红酒杯10个、白酒杯10个。

③第三托：筷子架10个、筷子12双、公用勺2把、牙签盅2个。

④第四托：水杯10个（已摆放好折叠成形的餐巾折花）

（6）餐巾折花：双手消毒，根据宴会主题折叠10种造型各异的餐巾折花，突出主花，要求有难度。

（7）围椅：从第一主人位处按顺时针方向依次摆放，双手端送，轻拿轻放。

（8）斟酒：从第一客人位开始，顺时针斟倒，先斟红酒，再斟白酒，酒斟八分满。

（9）操作完毕，举手示意。

（10）摆放餐巾折花、名签。具体效果如图7-1所示。

图 7－1　餐巾折花、名签摆放效果图

四、配分与评分标准

序号	考核内容	考核要点	配分	评分标准	扣分	得分
1	仪容仪表	①发型符合要求 ②服装平整、规范 ③仪容大方，不佩戴饰物	2	①发型不规范扣1分 ②服装不整洁扣0.5分 ③佩戴饰物扣0.5分 ④本项最多扣2分		
2	铺台	①布正面凸缝朝上，②中心线直对正、副主人席位	3	①台布铺反、凸缝朝下扣2分 ②中心线未直对正、副主人座位扣1分 ③本项最多扣3分		
3	摆台顺序	用托盘按顺序摆放	2	①摆放顺序错扣0.5分 ②本项最多扣2分		
4	台面整齐一致	①骨碟定位准确、距离均等 ②餐具摆位准确 ③餐具间距达标 ④摆放规范，便于服务操作 ⑤布局合理	14	①定位不准，发生一件扣0.2分 ②摆位不准，发生一件扣0.2分 ③间距未达标，发生一件扣0.2分 ④摆放不规范，发生一组扣0.5分 ⑤台面不协调，发生一组扣0.5分 ⑥整体效果差，酌情扣1—3分 ⑦本项最多扣14分		

（续上表）

序号	考核内容	考核要点	配分	评分标准	扣分	得分
5	餐具花纹	餐具花纹对正	3	①一件不正扣0.2分 ②本项最多扣3分		
6	餐巾折花	①根据宴会主题选择花形 ②主人位的餐巾折花醒目、突出 ③技法娴熟，形象逼真 ④餐巾折花摆放艺术、协调 ⑤花不遮餐具，不妨碍服务操作	10	①花形选择与主题不符，发生一件扣0.5分 ②主人位的餐厅折花不醒目、不突出扣0.5分 ③本项最多扣10分		
7	斟酒	①从第一客人位开始斟酒 ②酒斟八分满 ③酒瓶握实，商标朝外 ④酒液斟满，旋转酒瓶 ⑤斟酒过程无滴洒、无溢出	8	①站位错扣1分 ②斟酒不准，发生一次扣0.2分 ③商标朝向错，发生一次扣0.2分 ④未转瓶口，发生一次扣0.2分 ⑤斟酒过程滴洒、溢出，滴洒一滴扣0.2分，滴洒一小片扣0.5分 ⑥本项最多扣8分		
8	动作姿势	①端托平稳，步伐稳健 ②斟酒进退有序，合理避让 ③摆台动作娴熟、到位 ④摆台姿势优美、规范	5	①端托、步伐不稳，发生一件扣0.2分 ②进退无序，无避让扣1分 ③动作不到位，发生一次扣0.2分 ④摆台姿势不规范，发生一次扣0.2分 ⑤本项最多扣5分		
9	操作卫生	①双手进行两次消毒（铺台、折餐巾折花前） ②摆台过程符合卫生要求 ③操作时手不碰餐酒用具入口处	3	①双手未消毒扣2分 ②手碰餐酒用具入口处扣1分 ③本项最多扣3分		
10	失误			①餐具遗漏、未摆放，一件扣0.5分 ②餐具落地，一件扣1分 ③餐具打碎，一件扣2分		
11	时间	在规定时间内完成，超时1分钟扣1分，不足1分钟按1分钟计算				
	合计		50			

否定项说明：若考生操作严重失误、打翻托盘、打碎酒瓶，则总成绩为零

精练 ② 西餐主题宴会摆台

训练项目：选用西餐方桌，6人餐位，进行西餐主题宴会摆台及斟酒服务。

一、物品准备要求

序号	名称	规格	单位	数量	备注
1	餐厅	40m²	间	1	
2	长方形餐台	120cm×240cm	张	1	
3	餐椅	西餐用	把	6	
4	服务桌	50cm×80cm	张	1	
5	展示盘	30cm	个	6	
6	主餐刀		把	6	
7	主餐叉		把	6	
8	汤勺		把	6	
9	鱼刀		把	6	
10	鱼叉		把	6	
11	开胃品刀		把	6	
12	开胃品叉		把	6	
13	面包盘	12cm	个	6	
14	黄油刀		把	6	
15	甜点叉		把	6	
16	甜点勺		把	6	
17	水杯		个	6	
18	红葡萄酒杯		个	6	
19	白葡萄酒杯		个	6	
20	花瓶		个	1	
21	椒盐瓶		套	2	
22	蜡烛台		个	2	
23	烟灰缸		个	2	
24	托盘		个	2	
25	台布	130cm×130cm 180cm×300cm	块	2	

（续上表）

序号	名称	规格	单位	数量	备注
26	餐巾		块	6	
27	冰水壶		只	1	
28	红（白）葡萄酒瓶		个	1	
29	红酒筐		个	1	

二、具体要求

1. 完成时间：20 分钟
2. 模式：实操
3. 操作程序

（1）根据西餐服务的需要，合理安排餐台。

（2）正确安排宾主座次。

（3）餐酒用具摆放合理，位置准确，距离均等。

（4）折叠 6 种不同的餐巾折花。

（5）运用正确方法进行斟倒酒水服务。

（6）整体效果协调规范，符合卫生要求，方便宾客用餐，方便服务操作。

三、操作步骤及要求

（1）餐台台布铺放要端正，四边下垂均匀，餐台、餐椅摆放合理。

（2）展示盘摆放在餐位的正前方，距餐台边缘 2cm 处，展示盘上如有店徽或图案，则店徽或图案必须保持在正上方的位置。

（3）将折叠好的餐巾折花摆放在展示盘的正中位置，餐巾折花造型要美观，餐巾颜色统一、卫生洁净。

（4）展示盘的右侧摆放主餐刀，主餐刀距展示盘 1cm，餐刀刀刃向左，柄端距餐台边缘 2cm；鱼刀摆放在主餐刀的右侧，与主餐刀相距 1cm；汤勺摆放在鱼刀的右侧，与鱼刀相距 1cm，开胃品刀摆放在汤勺的右侧，与汤勺相距 1cm，开胃品刀柄与汤勺柄端平齐且平行。

（5）展示盘的左侧 1cm 处摆放主餐叉，叉柄端距餐台边缘 2cm，主餐叉与主餐刀相平行；鱼叉摆放在主餐叉的左侧，相距 1cm，距桌边 5cm；开胃品叉摆放在鱼叉的左侧，相距 1cm，开胃品叉柄端与主餐叉前端平齐且平行。

（6）面包盘摆放在开胃品叉的左侧 1cm 处，面包盘中心在展示盘中心连线上，黄油刀架放在面包盘的右侧边缘 1/3 处，刀刃向左侧，柄端向下。

（7）在展示盘的正上方 1cm 处依次摆放点心叉和点心勺，它们之间相距 1cm。

（8）水杯、红葡萄酒杯和白葡萄酒杯呈 45°斜摆，水杯摆在主餐刀尖的上方 2cm 处，红葡萄酒杯在水杯的斜下方杯壁间距 1cm 处，白葡萄酒杯摆在红葡萄酒杯的斜下方杯壁间距 1cm 处，三种杯同处在一条直线上。

（9）餐台中央摆放花瓶、2 个蜡烛台、2 套椒盐瓶、2 个烟灰缸等。椒盐瓶摆放于蜡烛台两侧距烛台 5cm 处，分别置于中心线两侧，左椒右盐，间距 1cm。烟灰缸在中心线上，距椒盐瓶瓶底 2cm。餐台上所有餐具摆放要均匀、对称、美观。

（10）摆放餐椅注意要与自然下垂的台面间距 1cm。

（11）摆放完毕后斟酒，斟倒冰水和红（白）葡萄酒的方法是：先斟冰水再斟红（白）葡萄酒，斟倒冰水时用托盘运送水壶，斟倒红（白）葡萄酒时右手拿瓶左手持餐巾，从主宾开始，逐位斟倒，从客人座位的右侧斟倒红（白）葡萄酒，冰水斟倒 8 分满，红葡萄酒斟倒 1/2 杯（白葡萄酒斟倒 2/3 杯）。

（12）操作完毕，举手示意。

西餐主题宴会摆台餐具图及具体效果图见图 7-2 和图 7-3。

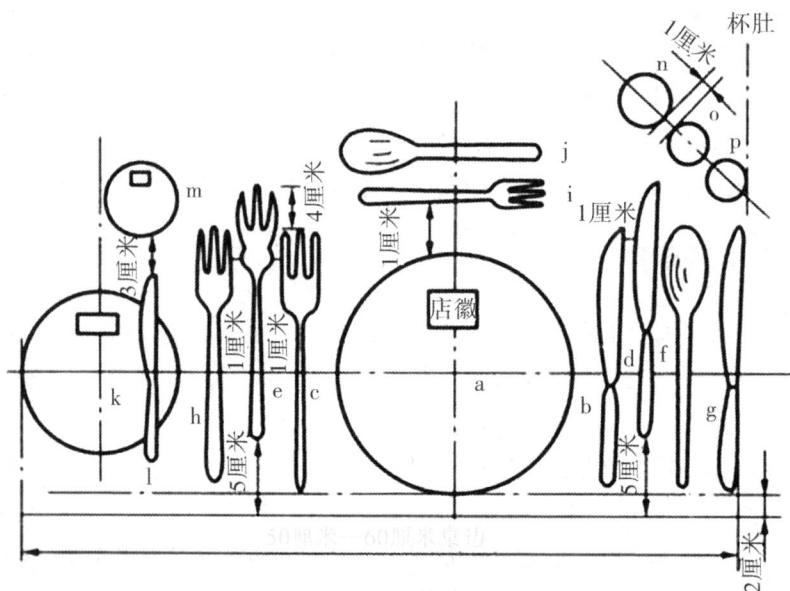

图 7-2 西餐主题宴会摆台餐具图

（注：a—展示盘，b—主餐刀，c—主餐叉，d—鱼刀，e—鱼叉，f—汤勺，
g—开胃品刀，h—开胃品叉，i—点心叉，j—点心勺，k—面包盘，
l—黄油刀，m—黄油碟，n—水杯，o—红葡萄酒杯，p—白葡萄酒杯）

图7-3 餐位具体效果图

四、配分与评分标准

序号	考核内容	考核要点	配分	评分标准	扣分	得分
1	仪容仪表及准备工作	①按规定着装，佩戴标志 ②仪容仪表整洁大方 ③工作台餐具分类摆放规范、合理	7.5	①未按照要求着装扣2.5分 ②着装不整洁扣1分 ③不佩戴标志扣1分 ④餐具摆放不规范扣3分 ⑤本项最多扣7.5分		
2	铺台布	①台布正面朝上 ②中线对正 ③台布下垂均匀	2.5	①台布反面朝上扣1分 ②台布中线不正扣1分 ③台布下垂不均匀扣0.5分 ④本项最多扣2.5分		
3	摆放餐具	①按顺序摆放餐具 ②展示盘、面包盘定位准确 ③展示盘与面包盘中心在一条直线上 ④刀、叉、勺摆放准确 ⑤三种杯摆放准确	15	①餐具摆放顺序错误扣3分 ②展示盘、面包盘定位不当，每件扣0.5分 ③刀、叉、勺等餐具摆放位置不正，每件扣1分 ④三种杯摆放不准确，每件扣0.5分 ⑤本项最多扣15分		

（续上表）

序号	考核内容	考核要点	配分	评分标准	扣分	得分
4	餐巾折花	①餐巾折花造型精致、美观大方 ②操作符合卫生要求 ③餐巾折花整体和谐	6	①餐巾折花造型不美观扣2分 ②操作不符合卫生要求扣2分 ③餐巾折花整体不和谐扣2分 ④本项最多扣6分		
5	摆台用品	花瓶、用品按规范要求摆放	2	①各项用具不按照规范摆放，一件扣1分 ②本项最多扣2分		
6	围椅	①餐椅对位摆放 ②餐椅与下垂台布间距1cm	3	①餐椅摆放错位，一次扣0.5分 ②本项最多扣3分		
7	斟倒冰水和酒水	①从客人餐椅的右侧斟倒 ②每杯水要以8分满为准，红葡萄酒斟倒1/2杯（白葡萄酒斟倒2/3杯） ③斟倒姿态优雅、规范，持壶手法正确	8	①斟倒位置错误扣1分 ②每杯水量不准扣0.5分 ③每杯红（白）葡萄酒量不准扣0.5分 ④斟倒姿态不正确扣1分 ⑤本项最多扣8分		
8	整体效果	①餐台整体效果良好 ②餐具摆放规范、到位	1	①餐台整体效果差扣1分 ②本项最多扣1分		
9	操作能力	①操作稳妥 ②拿取餐具符合卫生要求 ③动作娴熟、协调、规范 ④操作区域整洁	5	①操作不稳妥扣1分 ②不符合卫生要求扣1分 ③动作不熟练扣1分 ④动作不规范、不协调扣1分 ⑤操作区域不清洁扣1分 ⑥本项最多扣5分		
10	失误			①餐具掉地一次扣5分 ②打碎餐具一件扣5分 ③少摆餐具一件扣2分 ④超时1分钟扣2分，最多超时3分钟 ⑤本项最多扣30分		
	合计		50			
否定项说明：若考生操作严重失误、打翻托盘、打碎酒瓶，则总成绩为零						

餐饮接待中特殊问题的处理方法

精练 1 关于客人特殊要求的处理

1. 客人在餐厅醉酒时的处理方法

客人在餐饮聚会时，发生醉酒是常有的事，餐厅服务员应该以照顾客人的身体健康为原则尽力帮助他们，还应避免客人醉酒后的失态影响餐厅的正常营业。如果客人醉酒较严重，餐厅服务员要将客人请到一个比较安静的、相对能够隔离的空间里，让客人先醒酒。客人处在不清醒状态下，餐厅服务员不应在语言和态度上过多计较，但要防止客人过于激烈的举动。

2. 客人损坏餐具时的处理方法

对于无意损坏餐具的客人，餐厅服务员首先应该耐心、和气地给予安慰，并将损坏的餐具撤离餐桌，为客人送上新的餐具，然后客气地向客人讲清有关赔偿的规定。对有意损坏餐具的客人，在指出其错误的同时，要求其照价赔偿，与这样的客人打交道，餐厅服务员必须十分注意态度和做法。

3. 客人突发急病时的处理方法

若客人在用餐过程中突发急病，餐厅服务员不要惊慌，应根据客人的具体症状给予适当的护理，同时要立即打电话请求急救中心的帮助。客人如果出现心脏病、脑溢血之类的病状，千万不要移动病人，否则后果只会更糟。

4. 客人进餐时被食物噎住的处理方法

客人在用餐时由于讲话、吃得过快等原因，可能会发生被食物噎住的情况，一般的反应是脸色铁青、停止讲话、神情紧张、用手指捏喉咙。若食物哽噎较轻，可立即送一杯茶水请客人喝下；若食物哽噎较重，餐厅服务员要站在客人后面，双臂把住客人腰部，用拳头拇指背面靠在客人肚脐靠上一点，另一只手握拳，迅速向上挤压，振动客人肚子，如此反复几次，即可排出食物，然后送上一杯茶水请客人喝下。

5. 为残疾客人服务的基本原则

绝不允许用惊奇或者好奇的眼光注视残疾客人，绝不允许在残疾客人背后窃窃私语或者做小动作。餐厅服务员提供服务时应做到热情、礼貌、细心、耐心、周到。

6. 为盲人客人服务的注意事项

为盲人客人服务时，餐厅服务员应该将菜单读给客人听，并告之菜肴的特点。在为盲人客人介绍菜肴时，餐厅服务员应尽量避免使用带有色彩漂亮、美观之类的语言来解释菜肴。在服务过程中，要主动为客人添饭、续斟酒水、适时移动餐盘。在为盲人客人结账时，要耐心向客人解释账单，让客人明白。

7. 餐厅服务中遇到酗酒闹事客人的处理方法

在餐饮服务中，经常会发生意想不到的情况。一旦发生意外，一要镇静，二要采取措施，三要向领导汇报，四要妥善及时处理。遇到酗酒闹事客人时，餐厅服务员要与保安人员及时联系，并向领导报告，必要时拨打110报警，与公安部门一同解决。

8. 发现客人遗留物品的处理方法

客人离开餐厅时，餐厅服务员要主动提醒客人带好随身物品，要先检查现场有无遗留物品，然后再收台面。发现客人遗留物品时，要及时汇报、上交，尽快归还失主。

9. 客人带小孩用餐时，餐厅服务员确保小孩安全的方法

在条件允许的情况下，餐厅服务员可以帮助客人看好小孩，应该将带小孩的客人的餐位安排在离门口或过道远些的地方。餐桌上的玻璃杯、烟灰缸、调味壶等餐具物品要放在小孩够不到的地方，同时为小孩拿来儿童专用座椅。

10. 客人反应菜肴不熟时的处理方法

在餐厅服务过程中，可能会出现个别客人反映菜肴不熟的情况。其原因一般有两种：一是厨房生产过程中火候不够，二是用餐的客人不了解菜肴的风味特点。处理方法包括：

（1）若菜肴确实火候不够，餐厅服务员首先应向客人表示歉意，立即将菜肴退回厨房，并向厨师长反映，由其做出处理决定。最好是重做一份菜，如将送回的菜肴重新加工再上桌也是可以的，这应根据具体情况而定。

（2）假如用餐客人不了解某种菜肴的风味特点，餐厅服务员也应该先向客人表示歉意，然后要婉转而有礼貌地向客人介绍菜肴的特点和食用方法。

11. 客人要求代其保管酒品的处理方法

客人要求餐厅代其保管酒品时，餐厅服务员应根据酒的种类和客人的具体情况酌情处理。一般葡萄酒类，开瓶后不宜保存时间过长；如果为客人保存高度烈性酒，将酒放在酒柜里即可，但也要上锁，并有专人负责。从经营角度来说，客人要求代其保管酒品表示他有常来的意愿，这是对餐厅的信任。

12. 客人要求代其保管食品的处理方法

餐厅遇到客人要求代其保管食品时，餐厅服务员要耐心向客人说明，为了对客人的健康负责，餐厅一般不代客人保管食物。有时客人临时要求将食品放在餐厅保管一会儿，餐厅服务员可请示领导后为客人代存，存放前将食品包好，写好标签，视情况放在冰箱内。

13. 客人对账单有异议时的处理方法

客人在结束用餐时，对送上来的账单有异议，是常有的事情。此时，餐厅服务员要做的第一件事就是耐心。应该先向客人道歉，然后马上把账单拿回收款台重新核对。在核对

账单后，将账单重新送给客人，此时应耐心地和客人共同核对客人点的菜肴、饮料等，待客人认可后再收款。如果在结账收款这个环节出现了失误，餐厅服务员应该立即改正，并诚恳地请求客人原谅；如果是客人算得不对，餐厅服务员应该巧妙地掩饰过去，以免使客人难堪。

14. 将汤、菜汁洒在客人身上时的处理方法

餐厅服务员将汤、菜汁洒在客人身上后，应立即拿一块半湿毛巾为客人擦拭，女客人应由女服务员为其擦拭。如果客人衣服弄脏面积较大，应该请客人到无人的房间将脏衣服脱下，立即送洗，而且应该在客人用餐完毕时，将衣服取回交还给客人。如果由于客人自己用餐不慎而引起的滴洒，餐厅服务员也应帮助客人擦拭，同时应尽量减少客人不自然的感觉。

15. 开餐时突然停电的处理方法

开餐时突然停电，餐厅服务员要镇静自若，要尽力安慰客人，告诉客人最好不要来回走动，以免绊倒；还要委婉地提醒客人看管好自己的物品；特别留意用餐完毕但没有结账的客人，防止跑单。同时餐厅服务员要立即采取备用措施，如点燃蜡烛等。

精练 ② 餐厅接待服务中的特殊问题

餐厅每天要接待许多来自四面八方的客人，餐厅服务员是否具有熟练的沟通能力，对自己的服务工作影响很大。餐厅服务员要善于利用自己的语言、行为和肢体语言，与各种客人进行准确、迅速的沟通。语言是有声的思想，是表达感情的工具，餐厅服务员对客人服务态度的好坏，很大程度上是从语言反映出来的。餐厅服务员还应灵敏、动作迅速，具有较强的应变能力、独立分析问题的能力。遇到个别客人刁难的时候，或者在服务工作中发生差错的时候，都应镇定自如，妥善处理和及时解决所出现的各种问题。不要固执己见，听不进批评和反面意见。由于客人的性别、职业、年龄、国籍、受教育程度、兴趣、爱好的不同，他们对服务的要求也会不同，餐厅服务员只有具备了应变能力，才能有针对性地为客人提供优质服务。

下面是餐厅接待服务中遇到的特殊问题，请针对每个案例归纳出餐厅服务员工作过程中的错误之处和解决方法。

（1）某餐厅服务员为客人提供点烟服务，席间客人拿出一支烟正要吸，餐厅服务员立即拿出刚领到的打火机靠近客人点烟，打着了火，瞬时打火机"呼"一下窜出特大的火苗，差一点烧着客人，吓得客人急忙躲开，餐厅服务员也吓得把打火机扔在地上，但因火焰过大，关上时还在冒火，餐厅服务员用脚将其踩灭，看着餐厅服务员尴尬的表情和慌乱的举动，客人笑了，自己重新把烟点上。请对此进行分析。（提示：餐厅服务员操作程序不对，遇事不冷静，应向客人道歉，并重新服务。打火机使用前必须检查，调整火焰高度。）

（2）某咖啡厅来了四位客人，落座后要了三杯咖啡和一杯红茶，客人趁等待的空隙起身去了其他地方。回来后，见桌上放着四杯咖啡，这时点了红茶的客人对一位餐厅服务员不解地问道："怎么都是咖啡？我点的红茶呢？"餐厅服务员很直率地解释道："这不是我上的，我去问一下是谁上的。"然后转身离开，过了一会，这位餐厅服务员走到点红茶的客人面前，指着另一位餐厅服务员说："是她上的，您问她吧。"说完就走了。请对此进行分析。（提示：餐厅服务员缺乏整体意识和责任感，需要提高认识。）

（3）某餐厅的客人用餐后提出结账，餐厅服务员从账单收款台取回账单，看了账单的总金额后就递给客人。客人仔细核对了账单，发现账单记录中有一道菜他们没有点，餐中也没上这道菜，而账单上却有这道菜的金额，客人要求餐厅服务员给予解释。餐厅服务员听完，看一下账单说："既然你们没有吃这道菜，我从账单中划去就是了。"说着用笔在账单上划了一道。请对此进行分析。（提示：餐厅服务员给客人账单前必须核对，客人有疑问时，餐厅服务员不能随便更改，应由收款台处理。）

（4）某餐厅正值用餐高峰期，一位餐厅服务员同时负责几桌客人的用餐，一位餐厅服务员在为一桌客人服务后又去接待其他客人。当餐厅服务员再次回来时，发现客人已用餐结束并离席而去，她认为客人还未结账，见客人正要走出餐厅大门，便马上追去，追上后态度很生硬地对其中一位客人说："先生，您还未结账不能走！"客人听后，非常气愤地大声喊道："谁说我没结账？你凭什么说我没结账！"然后拿出了结账的收据。至此，餐厅服务员知道错了。请对此进行分析。（提示：对没有把握的事要先调查清楚再做处理，餐厅服务员不能凭自己的直觉来判断客人，餐厅服务员要善于观察，增强记忆力和交叉服务能力。）

（5）某餐厅服务员正在餐厅自己负责的区域内巡逻，见到一桌客人的桌面上已摆放满菜盘，但还有新菜未上，于是主动提出为客人调整，将菜量已不多的菜肴换成小盘，待客人同意后，将一盘虾端到工作台上倒入小盘。不巧，一只虾掉在地上，餐厅服务员见客人没有注意，马上捡起又放回盘中，然后端至餐桌请客人继续用餐。用餐后，一位客人悄悄地对她说："小姐，刚才那虾没扎着您呀？"餐厅服务员一听，恍然大悟，原来客人早已看到，便马上向客人道歉。请对此进行分析。（提示：餐厅服务员不诚实，服务技能不熟练，做法不对，应向客人道歉，再做补偿，还应感谢客人的宽宏大量。）

（6）餐厅到营业结束时间，客人渐渐离去，某餐厅服务员见到有一桌客人已坐在那里聊天，再走近一看，盘子里的菜没有多少了，两位客人也不再吃了，就以为客人吃好了，便趁为客人斟茶时说："如果您不吃了，我可以把这些盘子撤走吗？"客人听后，非常不高兴地说："你的意思是不是让我们走呀？"餐厅服务员连忙解释道："对不起，我不是这个意思，请您慢用！"客人这才消了气。请对此进行分析。（提示：餐厅服务员用语不当，要善于观察分析，灵活处理。）

（7）某餐厅正在举行庆祝寿辰的家庭宴会，一道道缤纷夺目的菜肴送上餐桌，客人们对今天的菜肴十分满意，赞不绝口，气氛十分热烈融洽。又是一道象征长寿的仙桃状的点心送到餐桌中央，客人们在愿老寿星健康长寿的祝福中很快吃完点心，可此后再也没见餐厅服务员过来，客人们欢笑声过后还在等待。后来客人向领班询问，领班听后感到很惊讶，告诉客人："你们的菜不是已经上齐了吗？"听后，客人们感到很尴尬，马上离席而去。请对此进行分析。（提示：原因出在餐厅服务员上最后一道菜时少说了一句话。正确的上菜方法应是向客人说明菜肴名称、菜系、口味，上完最后一道菜时应告诉客人"菜已上齐"。）

（8）某餐厅来了两位客人问餐厅服务员："有没有冒气泡的法国矿泉水，我们觉得很好喝，一周前还在这里喝过呢。"餐厅服务员告诉客人没有了，并说："只有一种无泡的法国矿泉水，也是法国名牌产品，口感很好，是我们餐饮部指定推销的。"客人听到"指定推销"很生气地对餐厅服务员说："为什么我们喜欢的你们不推销，不想喝的却极力推销，用意何在？是不是在戏弄我们？"餐厅服务员见状，显得无可奈何，再次向客人解释："这是餐饮部指定推销的产品，我们当餐厅服务员的没有别的选择。"客人非常气愤地离开了餐厅。请对此进行分析。（提示：餐厅服务员不懂使用推销语言进行服务，缺少经验，店内外应有别，不能推卸责任，要主动服务。）

（9）某餐厅用餐客人很多，餐位已满，来用餐的客人只能在门口排队等待。当迎宾员看到有一张空的餐桌时，马上引领两位客人就座，负责此桌的餐厅服务员看到有客人来了，以为是已预订餐桌的客人的朋友，便提供了就餐服务。而此时，已预订这张餐桌的客人来了，面对两位陌生人，感到很奇怪，便气愤地问餐厅服务员："为什么不经我允许，把两位陌生的客人安排在我已预订的餐位上，我去了一下服务台，回来餐位就被别人占了！这是对我的不尊重。"两位陌生的客人也说："是迎宾员把我们安排在这里的。"他们表示不同意离开。餐厅服务员一时被这种情况搞得不知所措，最后经理出面进行调解。请对此进行分析。（提示：培训不到位，各岗位之间工作脱节，缺乏沟通，配合不紧密，值台服务员没有认真观察、主动询问。）

（10）正在营业的某餐厅进来了四位衣着朴素的客人，他们想要四份经济套餐，而此时又进来两位西服革履、手提公文包的客人，餐厅服务员招呼两位落座后，为他们推荐了餐厅的拿手菜。开菜单后，正要将订单送去厨房时，突然被先来的四位客人叫住，其中一位客人说："我们是先来的，你为什么给后来的客人订菜，而让我们在这里等着？是不是我们的穿着、消费标准没有他们高？"客人非常气愤。请对此进行分析。（提示：餐厅服务员应按先后顺序服务，否则客人会产生误会，要注意两桌客人同时到时的服务方法。）

（11）王先生带着全家老小到餐厅用餐，受到了餐厅服务员的热情接待。王先生订了十几道菜，其中还有几道菜是双份的，王先生看着满满一桌的菜肴，家人又陆续吃饱了，问餐厅服务员还有几道菜没上，餐厅服务员告知还有两道，王先生面露难色地说："看样子桌上的菜已经吃不完了，没上的菜能退吗？"餐厅服务员答应到厨房去看一看，最后，菜虽没有退，但餐厅服务员的处理让客人非常满意。当客人面对满桌菜肴、面露难色时，你认为餐厅服务员的服务有欠妥的地方吗？为什么？（提示：客人对餐厅菜量不清楚，但餐厅服务员没有给客人当好参谋，没有做好菜品建议或征询客人意见。）

（12）某餐厅客人落座后，餐厅服务员为其提供服务，开始点菜后，客人点了三种菜单上没有的菜肴，餐厅服务员有些不高兴地说："菜单上的菜你们不点，偏偏点菜单上没有的菜？"客人听后非常生气地说："你怎么这么说话，这么没有耐心，你的这种态度简直让人无法接受！"由于客人比较气愤，所以讲话的声音很大，引起四周的客人用惊奇的目光看着他们。请对此进行分析。（提示：餐厅服务员缺乏不耐心，语言不规范，没有主动介绍菜点。要运用推荐菜品的方法。）

（13）正在营业的某餐厅，餐厅服务员发现一位客人正在用脚踩灭刚扔在地板上的烟头，干净的地板立刻被弄脏了。餐厅服务员便上前大声指责客人，要求客人马上把烟头捡起来，客人被餐厅服务员的指责激怒了，也提高了声调反驳道："为什么你们桌子上没有摆放烟灰缸？没有烟灰缸，我只好扔在地上，我就是不捡，看你能把我怎么样！"请对此进行分析。（提示：即使是客人的过错，餐厅服务员也不能指责和训斥，处理问题的方式不对，而且餐厅服务员在开餐前准备工作有疏忽。）

（14）有三位客人到某餐厅用餐，从他们的穿着和举止判断，这几位像是发迹的乡村企业家，他们点了很一般的菜肴和酒水，在进餐快结束时，一位客人问餐厅服务员："你们餐厅可有好酒名菜？"餐厅服务员听后，联系他们刚点的菜肴和酒水，凭经验估计他们的消费能力不会很强，便说："我们有名牌洋酒，但价钱是很贵的呀！"餐厅服务员话音刚落，客人二话没说，从皮夹中抽出一叠100元的人民币摔在桌上，气愤地说："很贵？好吧，把你们店里最好的洋酒拿出来，这里有的是钱！"客人认为餐厅服务员嘲笑了他，在他朋友面前栽了面子，他非常不高兴。最后是餐厅经理作了妥善处理。请对此进行分析。（提示：餐厅服务员的用词和语气都不对，如果担心客人的支付能力，讲话应有艺术性，可以附上酒水单给客人选择。）

（15）餐厅正在营业中，餐厅服务员A正在为一桌进餐的客人提供服务，此时一位客人提出加两瓶啤酒，餐厅服务员A便叫餐厅服务员B去取，餐厅服务员B到吧台说："×号桌加开两瓶啤酒，是餐厅服务员A开的单。"吧台服务员把酒给了餐厅服务员B，餐厅服务员B将两瓶啤酒送至客人的餐桌，因当时餐厅进餐的人比较多，餐厅服务员A为其他客人服务去了。餐厅营业结束后，吧台结账发现少了两瓶啤酒，再去问两位餐厅服务员，结果谁也没开单，客人白喝了两瓶啤酒。请对此进行分析。（提示：客人跑单的原因是值台服务员没有按先开单再取酒的程序进行操作，吧台服务员也未严格遵守凭单据拿酒水的手续制度，正确的做法就是必须按程序要求进行。）

餐饮服务英语知识

精练 1   常用的餐饮英语单词

一、常用单词

牡蛎 oyster	香肠 sausage	蘑菇 mushroom
海参 sea slug	西红柿 tomato	龙虾 lobster
猪肉 pork	牛肉 beef	蟹 crab
洋葱 onion	基围虾 shrimps	腌肉 bacon
鱼翅 shark's fin	对虾 prawn	蛋 egg
羊肉 mutton	火鸡 turkey	猪肝 liver
水果 fruit	蔬菜 vegetable	鸽子 pigeon
盐 salt	糖 sugar	醋 vinegar
胡椒粉 pepper	点心叉 dessert fork	牙签 toothpick
盘子 dish（plate）	玻璃杯 glass	冰桶 ice pot
餐纸 paper	餐巾 napkin	桌布 table cloth
汤碗 soup bow	咖啡具 coffee set	筷子 chopsticks
烤 roast	炸 deep fried	炖 stewed
铁扒 grilled	炒 sauted	茶具 tea set

精练 2   常用的服务用语

一、英译汉句子知识

（1）I hope you'll enjoy your stay here.

希望您在这里生活愉快！

（2）Sorry，I'll let you know when I make sure.

对不起，我问准确便马上告诉您。

（3）Would you like this table?

这张桌子可以吗？

（4）I'm sorry but there is no table available just now. Would you care to wait?

对不起，现在没有空桌，等一下好吗？

（5）This dish is one of the most famous dishes in our restaurant. Do you want to try?

这是我们餐厅的招牌菜，您想试试吗？

（6）I am afraid this dish takes quite a while to prepare. Would you mind waiting a bit longer?

恐怕这道菜需花长一点时间，您介意等等吗？

（7）Can I arrange a snack for you if you are pressed for time?

如果您赶时间的话，我为您安排一些快餐饭菜好吗？

（8）Did you enjoy your meal?

您吃得满意吗？

（9）How about your steak? Rare, medium or well done?

牛排是要嫩的、半熟的还是全熟的？

（10）Would you sign your name and room number on the bill, please?

请您在账单上签上姓名及房间号码。

（11）You have ordered two soups. Would you mind changing one?

您点了两种汤，您介意换一种吗？

（12）Long time no see , How are you?

多日不见，您好吗？

（13）Excuse me, May I take this chair?

对不起，我可以用这张椅子吗？

（14）As a hotel policy, we require a deposit, sir.

先生，按照宾馆的规定，请付订金。

（15）Please wait a moment while I check with the receptionist.

请稍候，以便我向接待员查询。

（16）May I take away this dish?

我可以撤掉这个盘子吗？

（17）I'm sorry to have keep you waiting.

对不起，让您久等了。

（18）Thank you for telling us. I'll speak to our manager about it. Please accept our apology.

谢谢您告诉我们，我立即将此事报告经理，请接受我们的歉意。

（19）You may leave your suitcase in the temporary baggage room.

您可以把皮箱放在行李临时寄放处保管。

（20）If you dial "9", you'll get an outside line.

如果您拨 "9"，您就可以打外线电话了。

（21）Will it trouble you?

这会打扰您吗?

（22）Would you like some dessert after meal?

饭后您喜欢吃点甜品吗?

（23）Please wait for some more time and I'm going to the kitchen to tell the chef to hurry.

请再等一会儿，我去厨房通知厨师让他们快点给您做。

（24）Welcome to our hotel.

欢迎光临我们宾馆。

（25）Excuse me，Would you share the table with that gentleman?

对不起，您跟那位先生合用一张台好吗?

（26）The birthday cake and the flowers are sent by our general manager. Happy birthday to you.

生日蛋糕和鲜花是总经理送的，祝您生日愉快。

（27）Sorry, your credit card has been overdue.

对不起，您的信用卡已过期了。

（28）Please go straight ahead.

请往前一直走。

（29）Turn right at the first corner.

在第一个拐角处往右拐。

（30）What would you like to eat?

您喜欢吃点什么?

（31）Sorry, you can't sign the bill here. Cash only, if you please.

对不起，我们这里不可以签单。请付现款吧。

（32）Your comments and suggestions are welcome.

请提宝贵意见。

（33）Good morning, sir. How many people, please?

早上好! 先生，请问一共几位?

（34）Please forget it.

请不要介意。

（35）How would you like your eggs? Fried on single-side or double-sides?

您的煎蛋是单面煎还是双面煎?

（36）What wines would you like to drink? We have × ×.

您喜欢喝点什么酒吗? 我们有 × ×。

（37）The fish is sold by weight.

鱼是按重量来卖的。

二、汉译英句子知识

（1）我能为您做些什么吗？

What can I do for you?

（2）圣诞快乐！

Merry Christmas!

（3）所有的菜都上齐了，请享用。

All your dishes are served now. Please enjoy your meal.

（4）您要一瓶白葡萄酒配鱼吗？

Would you like a bottle of white wine to go with your fish?

（5）您要一瓶红葡萄酒配牛肉吗？

Would you like a bottle of red wine to go with your beef?

（6）承您的好意，但是……

It's very kind of you. But...

（7）打扰您了。

I'm sorry to disturb you.

（8）步行到火车站约需十分钟。

It takes about ten minutes to get to the Railway Station on foot.

（9）如果您不介意的话，我可以……吗？

Would you mind if I...

（10）对不起，现在可以点菜吗？

Excuse me, May I have your order now?

（11）实在对不起。

I'm awfully sorry.

（12）您喜欢喝点什么酒吗？

What wines would you like to drink?

（13）您还有别的需要吗？

Is there anything else?

（14）您喜欢坐这里吗？

Would you like to sit here?

（15）请先看看菜牌。

Please look at the menu first.

（16）祝您旅途愉快！

Pleasant journey!

（17）祝您生意兴隆。

May you have a booming business!

插花技能

精练 ① 中餐餐台插花

一、基本知识

1. 插花造型的基本原理

（1）比例匀称。作品的大小、长短、各个部分之间以及局部与整体的比例关系恰当、匀称。

（2）平衡稳定。平衡有对称的静态平衡和非对称的动态平衡之分。对称的静态平衡的视觉效果简单明了，给人以庄重、高贵的感觉，但有点严肃、呆板。现代插花则往往采用组群式插法，即外形轮廓对称，但花材形态和色彩不对称，将同类或同色的花材集中摆放，使作品产生活泼生动的视觉效果，这是非完全对称，或称为自由对称。非对称的动态平衡灵活多变、飘逸，显得灵动。

（3）多样统一。多样是指插花作品由多种成分构成，如花材、花器、几架等，花材常常不止一种。统一是指构成作品的各个部分之间应相互协调，形成一个完美的有机整体。

（4）协调一致。协调是指各个元素、局部、局部与整体之间相互依存，融洽无间，没有分离排斥的现象，从内容到形式都是一个完美的整体。一致主要是指花材与容器之间的统一和谐关系。

（5）韵律和谐。韵律美是一种动感，它通过有层次的造型、疏密有致的安排、虚实结合的空间、连续转移的趋势，使插花富有生命活力与动感。

2. 插花工具

插花工具分专用工具和辅助工具。专用工具可以分为修剪工具和固定工具两种。插花使用的修剪工具主要有剪刀、刀和锯；固定工具包括插座（剑山）、花留、瓶口插架、花泥等。辅助工具包括金属丝、贴布、透明胶、订书机、喷水壶、注水器等。

3. 插花的固定技巧

插花的固定技巧主要包括折枝固定法、夹枝固定法、瓶口插架固定法、切口固定法、斜面切口固定法、附枝固定法、集团捆扎法、花插座连体法和花插座倒扣法9种。

4. 花材的处理技巧

花材的处理技巧主要包括以下 15 种方法：金属丝缠绕法、金属丝穿心法、镶楔造型法、切口弯枝法、卷叶法、圈叶法、支撑定形法、修叶变形法、叶片拉丝法、叶片翻翅法、枝叶打结法、枝叶弯折法、叶片破损法、枝叶双向下插入法和树枝倒插法。

二、中餐餐台半球形插花操作步骤

步骤 1：花泥。

先将花泥根据容器口的形状切好，放入容器中，让花泥高出容器口 2—3 cm，这样可以尽量满足插花不同角度的需要。

步骤 2：骨架花。

主花的高度为 20—30 cm，垂直插于中间。其余周边副花间隔相等地插成水平状，直径为 40—60cm。第二层花为 5 枝，以 30°斜插入第一层花的空当，每枝花的长度要比第一层花短 1—1.5 个花头。第三层也是 5 枝花，以 60°斜插入第二层花的空当，每枝花的长度要比第二层花短 1—1.5 个花头。若造型小，则不需要第三层。

步骤 3：补花。

在主花之间插入填充花或叶，以防止造型呆板、生硬。在第一层花的基部插上 5—10 片衬叶。

步骤 4：整理定型。

整理花材的高低和角度，使之丰满、圆滑，表面不要凹凸不平。中餐餐台半球形插花成品如图 10 - 1 所示。

图 10 - 1 中餐餐台半球形插花成品

三、实操内容

1. 本题分值：15 分

2. 完成时间：15 分钟

3. 具体考核要求

（1）根据宴会主题插摆中餐餐台插花。

（2）考生在规定时间内独立完成中餐餐台插花作品一件。

（3）根据宴会主题按照正常方法进行插花设计。

（4）作品效果要求：主花突出、花枝均匀、层次清楚、色彩协调。

4. 物品准备要求

序号	名称	规格	单位	数量	备注
1	圆形花插		个	1	
2	剪子、刀子		把	各 1	
3	花泥		块	1	
4	喷壶		个	1	
5	鲜花	主花	枝	若干	
6	副花		枝	若干	
7	衬叶		枝	若干	
8	绿草			若干	
9	装饰物		件	若干	
10	台布		块	2	

5. 配分与评分标准

序号	考核内容	考核要点	配分	评分标准	扣分	得分
1	物品准备	根据插花需要准备好花泥、花插及花草	1	①刀子、剪子、花扦、花泥缺少 1 件扣 0.2 分 ②花草准备不到位扣 0.5 分 ③本项最多扣 1 分		
2	插花准备	①花扦定位 ②花泥浸水并切割放入花插中 ③花枝修剪	1	①花扦位置不适宜扣 0.5 分 ②花泥未浸水，花泥切割边角或切割不规范，未现场切割，扣 0.5 分 ③本项最多扣 1 分		

（续上表）

序号	考核内容	考核要点	配分	评分标准	扣分	得分
3	剪枝	切剪花枝方法正确	2	①枝切面未达45°，每枝扣0.5分 ②修剪未一剪到位，每枝扣0.2分 ③本项最多扣2分		
4	插花	①主花突出，花枝均匀 ②主花与副花搭配合理 ③层次清楚 ④色彩协调	5	①花枝大小不均扣1分 ②主花不突出扣0.5分 ③主花、副花搭配不协调扣1分 ④层次不清楚扣1分 ⑤色彩不协调扣1分 ⑥花插中心高度与其他花枝不协调扣1分 ⑦本项最多扣5分		
5	叶草装饰与喷水	①绿叶与绿草品种选择适宜 ②剪切长度及插放适中 ③喷水均匀	2	①花插衬叶不适宜扣1分 ②绿草品种选择不当扣1分 ③剪枝长度及插放不适中，每部分扣0.5分 ④喷水不均匀扣0.5分 ⑤本项最多扣2分		
6	摆放鲜花	①花插摆放于餐台中心，周边均等 ②台面整洁，无污水点及落叶	2	①花插摆放中心位不正扣1分 ②台面不整洁并有落叶扣1分 ③花插遮挡视线扣1分 ④本项最多扣2分		
7	插花艺术效果	①插花造型典雅大方 ②中心正 ③具有观赏性	2	①插花整体造型不协调扣1分 ②插花中心倾斜扣1分 ③无观赏性扣2分 ④本项最多扣2分		
8	时间	在15分钟内完成插花		操作时每超过1分钟扣1分，扣完为止		
合计			15			

否定项说明（若考生出现下列操作之一，则成绩记为零分）：
①插花作品与宴会主题不符
②所选植物有毒、有害
③违反民风、民俗与触犯禁忌

精练 ② 　 **西餐餐台插花**

一、西餐餐台半椭圆形插花操作步骤

步骤1：花泥。

先将花泥根据容器口的形状切好，放入容器中，让花泥高出容器口 2—3 cm，这样可以尽量满足插花时不同角度的需要。

步骤2：骨架花。

主花的高度为 20—30 cm，垂直插于中间。其余间隔相等地插成水平状，长直径为 40—60 cm，短直径为 25—30 cm。第二层花为 5 枝，以 30°斜插入第一层花的空当，每枝花的长度要比第一层花短 1—1.5 个花头。第三层也是 5 枝花，以 60°斜插入第二层花的空当，每枝花的长度要比第二层花短 1—1.5 个花头。若造型小，则不需要第三层。

步骤3：补花。

在主花之间插入填充花或叶，以防止造型呆板、生硬。在第一层花的基部插上 5—10 片肾蕨衬叶。

步骤4：整理定型。

整理花材的高低和角度，使之丰满、圆滑，表面不要凹凸不平。西餐餐台半椭圆形插花成品如图 10 - 2 所示。

图 10 - 2 　西餐餐台半椭圆形插花成品

二、实操内容

1. 本题分值：15 分
2. 完成时间：15 分钟

3. 具体考核要求

（1）根据宴会主题插摆西餐餐台插花。

（2）考生在规定时间内独立完成西餐餐台插花作品一件。

（3）根据宴会主题按照正常方法进行插花设计。

（4）作品效果要求：主花突出、花枝均匀、层次清楚、色彩协调。

4. 物品准备要求

序号	名称	规格	单位	数量	备注
1	圆形花插		个	1	
2	剪子、刀子		把	各1	
3	花泥		块	1	
4	喷壶		个	1	
5	鲜花	主花	枝	若干	
6	副花		枝	若干	
7	衬叶		枝	若干	
8	绿草			若干	
9	装饰物		件	若干	
10	台布		块	2	

5. 配分与评分标准

序号	考核内容	考核要点	配分	评分标准	扣分	得分
1	物品准备	根据插花需要准备好花泥、花插及花草	1	①刀子、剪子、花扦、花泥缺少1件扣0.2分 ②花草准备不到位扣0.5分 ③本项最多扣1分		
2	插花准备	①花扦定位 ②花泥浸水并切割放入花插中 ③花枝修剪	1	①花扦位置不适宜扣0.5分 ②花泥未浸水，花泥切割边角或切割不规范，未现场切割，扣0.5分 ③本项最多扣1分		
3	剪枝	切剪花枝方法正确	2	①枝切面未达45°，每枝扣0.5分 ②修剪未一剪到位，每枝扣0.2分 ③本项最多扣2分		

（续上表）

序号	考核内容	考核要点	配分	评分标准	扣分	得分
4	插花	①主花突出，花枝均匀 ②主花与副花搭配合理 ③层次清楚 ④色彩协调	5	①花枝大小不均扣1分 ②主花不突出扣0.5分 ③主花、副花搭配不协调扣1分 ④层次不清楚扣1分 ⑤色彩不协调扣1分 ⑥花插中心高度与其他花枝不协调扣1分 ⑦本项最多扣5分		
5	叶草装饰与喷水	①绿叶与绿草品种选择适宜 ②剪切长度及插放适中 ③喷水均匀	2	①花插衬叶不适宜扣1分 ②绿草品种选择不当扣1分 ③剪枝长度及插放不适中，每部分扣0.5分 ④喷水不均匀扣0.5分 ⑤本项最多扣2分		
6	摆放鲜花	①花插摆放于餐台中心，周边均等 ②台面整洁，无污水点及落叶	2	①花插摆放中心位不正扣1分 ②台面不整洁并有落叶扣1分 ③花插遮挡视线扣1分 ④本项最多扣2分		
7	插花艺术效果	①插花造型典雅大方 ②中心正 ③具有观赏性	2	①插花整体造型不协调扣1分 ②插花中心倾斜扣1分 ③无观赏性扣2分 ④本项最多扣2分		
8	时间	在15分钟内完成插花		操作时每超过1分钟扣1分，扣完为止		
合计			15			

否定项说明（若考生出现下列操作之一，则成绩记为零分）

①插花作品与宴会主题不符

②所选植物有毒、有害

③违反民风、民俗与触犯禁忌

菜单设计技能

精练 ❶　编制中餐宴会菜单

一、宴会菜肴设计的基本原则

1. 准确了解宾客的特点

准确了解宾客的特点是宴会菜肴设计工作的基础,可以从以下两个方面入手:

(1)准确把握宾客的共同特征。出席宴会的宾客各有不同的生活习惯,对于菜肴味道也有不同的爱好。若能具体了解宾客的共同特征,则有利于宴会菜肴种类的确定。特别是在招待外国朋友或少数民族的宾客时,更应准确把握宾客的共同特征。

(2)准确掌握宾客的个性特点。首先必须了解宾客的年龄、职业、性别、民族及参加宴会的目的;其次要了解宾客的饮食习惯、爱好和禁忌等。例如,有的宾客忌猪肉,有的宾客忌牛肉,有的宾客忌海参,有的宾客忌葱、姜、蒜,还有的宾客忌动物油等,只有把这些情况弄清楚,具体工作才有把握,菜单安排的效果才会更好。

2. 满足宾客消费心理需求

在了解宾客的特点的同时,还要分析他们的心理。宾客参加宴会有的只是出于好奇心理,想品尝一下独特的菜肴;有的是出于追求名望的心理;有的是特意前来享受宴会的良好氛围;有的是出于无奈心理,接到邀请不得不参加;也有的是寻找团聚的气氛,想借宴会开展主题活动。有的宾客注重环境气氛和档次,有的则注重经济实惠。宾客参加宴会有各种各样的心理,必须进行深入分析方能了解,从而满足宾客显现的和潜在的心理需求。在进行宴会菜肴设计时,应深入分析宾客对宴会菜肴的心理需求,如对宴会菜肴的文化色彩、风味特色、营养构成、服务过程等的需求。

3. 把握好价格与质量的关系

(1)明确宴会价格与菜肴质量的关系,是宴会菜肴设计的基本原则。任何宴会都有一定的价格标准,宴会价格的高低是设计宴会形式与菜肴的依据,宴会价格的高低与宴会菜肴的质量有着必然的联系。不过价格标准的高低只能在原料使用上有所区别,宴会的效果不能受到影响,也就是在规定的标准内把菜肴搭配好,使宾客满意,才是成功的宴会菜肴设计。

（2）在质量的掌握上，要按宴会价格的高低，并在保证菜肴有足够数量的前提下，从主料、辅料的搭配上进行设计。规格高的宴会应用高档原料，在菜肴中可只用主料，而不用或少用辅料。规格低的宴会可选用一般原料，且增大辅料用量，从而降低成本。

（3）在配制菜肴时，还应尽可能考虑一些花色菜、做工考究的菜，以及最能体现地方特色的菜。在设计口味与加工方法上，应按粗菜细做、细菜精做的原则，把菜肴调剂适当。价格标准高的菜肴，原料档次要高，数量不应过多，要体现"精"的效果；价格标准低的菜肴，数量、口味要适当。

4. 合理控制菜肴的数量

宴会菜肴的数量就是指组成宴会的菜肴总数与每道菜肴的分量。宴会菜肴的数量是宴会菜肴设计的重中之重，宴会菜肴的数量应与参加宴会的人数相吻合。例如，家宴 4 菜、1 汤、3 点心、1 冷菜、1 水果；一般商务宴 6 菜、1 汤、3 点心、1 冷菜、1 水果；朋友聚会宴 8—10 菜、1 汤、3 点心、1 冷菜、1 水果；普通婚宴 10—12 菜、1 汤、3 点心、1 冷菜、1 水果。在分量上，应以平均每人吃 500 g 左右净料为参考依据。同时结合以下因素综合考虑：

（1）菜肴的种类。菜肴的种类是由宴会的规格确定的，一般 12—20 种不等。值得注意的是，菜肴品种少的宴会，每道菜肴的分量要多些；而菜肴品种多的宴会，每道菜肴的分量可少些。

（2）宴会的档次。宴会档次较高时，菜肴的分量可减少，品种和形式应丰富，制作方法应精巧；宴会档次较低时，菜肴分量可加大。

（3）宾客的目的。若宾客出席宴会的主要目的不在菜肴上，可适当减少菜肴分量；若目的是品尝菜肴，也要减少菜肴分量，突出菜肴的味道。

5. 合理搭配菜肴营养

宴会菜肴设计要从宾客实际的营养需要出发。营养需要因人而异，不同职业、不同年龄、不同身体状况、不同性别的人对营养的需求存在较大的差异，但设计宴会菜肴时应把握总体的结构和比例。

（1）宴会菜肴的结构要合理。各种菜肴原料组成包含的营养素有蛋白质、脂肪、淀粉、维生素、粗纤维、矿物质等。这就要求菜肴的各种原料搭配也应该合理。由于宴会是以荤素菜肴为主，所以应适当加入主食和点心。否则，人的消化机能不能正常运转，营养成分也难以消化吸收和合理利用。

（2）宴会菜肴的荤素搭配比例要适当。中餐宴会的大部分菜肴以动物性原料为主。从营养学观点看，动物性原料是高蛋白、高脂肪型的食品。传统中餐宴会讲究大鱼大肉、山珍海味，注重菜肴的调味和美观，忽略了营养搭配。应运用现代营养学知识对传统中餐宴会菜肴进行改进，做到荤素合理搭配。

6. 宴会菜肴的品种比例搭配合理

这里说的宴会菜肴的品种比例就是指组成一套宴会的各类菜肴和菜肴形式搭配要合理。各类宴会菜肴种类搭配可参考如下安排：

（1）中餐宴会菜肴品种的搭配。中餐宴会菜肴通常包括冷菜、热炒菜、主菜、素菜、甜菜、点心 6 大品种，有的还配有水果、冷饮。

①冷菜。宴会上的冷菜，可用什锦拼盘或四个单盘、四个双拼、四个三拼，也可采用 1 个花色冷盘配上 4 个、6 个或 8 个小冷盘。

②热炒菜。热炒菜通常要求采用炒、炸、熘、爆、烩等多种烹调方法烹制，从而达到菜肴的口味和外形多样化的要求。

③主菜。主菜由整型的原料烹制而成，装在大盘或大汤碗中上席的菜肴称为主菜，它通常采用烧、烤、蒸、炸、炖、焖等多种烹调方法烹制而成。

④素菜。素菜经炒、烧、扒等方法制作而成，起到解腻和平衡营养的作用。

⑤甜菜。甜菜通常采用蜜汁、拔丝、熘炒、蒸等多种烹调方法烹制而成，多数是趁热上席，在夏季也有供冷食的品种。

⑥点心。在宴会中点心常用糕、团、面、粉、包、饺等品种，采用的种类与成品的粗细视宴会规格的高低而定，高级宴会需制作各种花色点心。

总而言之，以上不同品种与不同形式的菜肴，既有原料和种类的不同，又有烹饪方法的差别。只有这样，才能使一套宴会菜肴产生丰富多彩的效果。

（2）中餐宴会菜肴比例的搭配。要注意一套宴会菜肴中冷菜、热炒菜、主菜、素菜、甜菜、点心的成本在整个宴会成本中的比重，以保持整个宴会的各类菜肴质量的均衡，避免冷菜档次过高、热炒菜档次过低等现象发生。不同档次的宴会的菜肴种类搭配比例通常为：一般宴会，冷菜约占 10%，热炒菜约占 45%，其他约占 45%；中等宴会，冷盘约占 15%，热炒菜约占 35%，其他约占 50%；高级宴会，冷菜约占 15%，热炒菜约占 30%，其他约占 55%。

7. 宴会菜肴要与季节特点和菜肴流行趋势相符合

中餐宴会不仅要拥有具有特色、相对固定的套菜，还应根据季节特点和菜肴流行趋势，适时推出新品种。

（1）结合季节特点设计宴会菜肴，可以优先采用当季的时令原料以体现特色。

（2）结合季节特点设计宴会菜肴的色彩。例如，冬季菜肴色调应以深色尤其是红色为主；夏季菜肴色调应以给人清爽感觉的色彩为主。

（3）结合季节特点设计宴会菜肴的口味。冬季应以口味浓重为主；夏季应以口味清爽为主，并适当加入苦味；春季应以口味偏酸为主；秋季应以口味偏辛辣为主。

（4）结合季节特点把握菜肴热量的高低。这里的热量包括两层含义：一方面指就餐时菜肴的温度。夏季可适当增加冷荤菜的比例，冬季可适当增加火锅、烧烤等菜肴的比例。另一方面指菜肴自身的热量。有的菜肴富含脂肪和蛋白质，热量较高，在冬季可多食；有的菜肴可减少人体对热量的吸收，可在夏季适当食用。按一般规律和习惯，夏秋季天气热，宾客喜欢清爽淡雅的菜肴；冬春季天气较冷，宾客喜欢浓厚热汤的菜肴。如火锅之类的菜肴，适合在冬春季选用，在夏秋季就不适合。

（5）根据地方一定时期的菜肴流行趋势，适时更新和推出受欢迎的流行菜肴，满足宾客求新、求异、求时尚的心理需求。

8. 注重菜肴的色彩搭配

（1）注重原料色彩的合理组合，以最大限度地衬托出菜肴的本质美。厨师的主要精力应放在如何合理地利用原料的本色上，而不应该借助于色素。

（2）注重色彩为菜肴服务，突出菜肴以味为先的原则。不能片面追求色彩漂亮而大量采用没有食用价值、味感不佳或口感不好的生料作为菜肴的装饰点缀。

（3）注重原料色彩组合美感，要防止色彩混乱，应强调巧妙地运用色彩的搭配。要注意主料与配料、菜与盘子、菜与菜、菜与桌面的色彩调配，使菜肴既丰富多彩又不落俗套，既鲜艳悦目又层次分明。宴会菜肴色彩搭配协调，不仅能使宾客增加食欲，还能给宾客以美的艺术享受。

训练项目

［题目1］××单位在本市一家酒店宴请×国来华访问代表团，人数18人，订餐标准每位150元（酒水除外）。

［题目2］春季某日，××公司在本市某酒店宴请×国客商，人数10人，订餐标准每位200元（酒水除外）。

［题目3］秋季某日，在本市×酒店中餐宴会厅，于先生为分别多年的同学相聚举行宴会，人数30人，订餐标准每位120元（酒水除外）。

1. 具体考核要求
（1）根据宴会主题编制菜单。
（2）注明菜单计算使用的毛利率，菜肴价格与毛利率相符。
（3）试卷为表格形式，要逐项填写。
（4）突出某一菜系的风味特点，标明所属菜系。
（5）在编制菜单时要注意菜肴的营养搭配均衡。
（6）上菜顺序正确，菜量适度。
（7）菜肴的品种与口味要搭配合理，突出季节性。
（8）菜单书写要规范，文字清楚、整洁。

菜单编制

姓名：＿＿＿＿＿＿＿

主办单位		主要客人国籍		用餐标准		人数		季节	
宴会时间	年　月　日　时	宴会地点		接洽人		桌数		毛利率（％）	
序号	菜品名称	规格	烹调方法		口味	色泽		单价	
1									
2									
3									
4									
5									
6									
7									
8									
9									
10									
……									
备注							合计		

2. 配分与评分标准

序号	考核内容	考核要点	配分	评分标准	扣分	得分
1	突出风味	①突出某一菜系的风味特点 ②上菜顺序正确	2.5	①风味特点不突出扣1分 ②菜单出现多种菜系扣0.5分 ③上菜顺序错误扣1分 ④本项最多扣2.5分		
2	菜肴搭配合理	①菜肴完整 ②口味与品种搭配适宜 ③菜量适度 ④营养搭配均衡	5	①菜肴不完整扣0.5分 ②菜肴道数不够或太多扣0.5分 ③冷菜、热炒菜、面点配比不合理，每项扣0.5分 ④菜肴原料不够多样扣0.5分 ⑤营养成分不均衡扣1分 ⑥未选择多种烹调方法扣1分 ⑦口味与品种搭配欠佳扣1分 ⑧本项最多扣5分		

（续上表）

序号	考核内容	考核要点	配分	评分标准	扣分	得分
3	菜肴外观	①突出季节性菜品 ②形态多样 ③色泽协调	3	①与时令季节不符或季节性不突出扣1.5分 ②形态及刀工单调扣0.5分 ③菜肴色泽搭配不当扣1分 ④本项最多扣3分		
4	菜肴价格	①菜肴价格与毛利率相符 ②盛器要标明规格	2.5	①菜肴价格与毛利率不符扣1.5分 ②菜肴与盛器不符扣0.5分 ③盛器不写规格扣0.5分 ④本项最多扣2.5分		
5	菜单书写规范	①文字清楚简洁 ②每种菜肴要写单价 ③要有总价	2	①文字不清楚、不整洁扣1分 ②菜肴不写单价扣0.5分 ③菜肴不写总价扣0.5分 ④本项最多扣2分		
	合计		15			

精练 ② 编制西餐宴会菜单

一、西餐宴会菜单的内容组合

1. 西餐宴会菜单的基本内容

西餐宴会菜单通常由冷盘、头盘、汤、海鲜、禽畜肉、沙拉、甜点、水果、咖啡或茶组成，在排列上通常无特殊要求。

一般宴会菜单的排列如下：

（1）古典传统宴会菜单。冷盘，通常以一种原料为主，然后加一些配菜，装在7寸盘内；汤有清、浓、冷、热之分；热头盘，即热的开胃菜，可以是小虾、蜗牛等；鱼，俗称小盘，也可是野味类；主菜，为猪、牛、羊、禽类，装在10寸盘内；冷烧肉为两道主菜中间的开胃菜；烧烤肉，即烤牛肉，为两道主菜之一；碎冰果汁，用果汁或香槟酒做成的开胃冰霜；沙拉，即素生菜，起清口作用；蔬菜，热的主菜的配菜；甜点，甜的西式点心，有冷、热之分；小点，巧克力、奶酪等；水果、咖啡、红茶。

（2）现代宴会菜单。冷盘跟干雪利酒；汤跟雪利酒；热头盘跟白葡萄酒，如果是野味，则跟玫瑰酒；主菜跟葡萄酒；沙拉、甜点跟波特酒；水果、咖啡、红茶跟白兰地。西餐宴会菜肴的道数可根据实际情况而定。

2. 西餐宴会菜肴品种的搭配

西餐宴会菜肴通常包括开胃品、汤、主菜、甜点四大类。

（1）开胃品。开胃品就是指少量的起到开胃作用的小食品，如面包、黄油、冷菜或沙拉。

（2）汤。汤就是指起到开胃、促进食欲作用的味道鲜美的汤菜。

（3）主菜。主菜包括海鲜和肉类，一般量大形整，造型讲究，可将宴会推向高潮。同时可上有解腻作用的开胃小碟。

（4）甜品。甜品包括甜沙拉、水果、奶酪、甜点心及饮料，可起到饱腹和助消化的作用。

训练项目

[题目1] 春季某日，在本市一家宾馆的西餐厅，××公司宴请法国客人6位，订餐标准每位300元（酒水除外）。

[题目2] 秋季某日，××演出公司在本市一家饭店宴请美国客人，人数6人，订餐标准每位300元（酒水除外）。

1. 具体考核要求

（1）根据宾客人数和就餐标准编制一份法式（美式）西餐宴会菜单。

（2）突出法式（美式）西餐特点。

（3）按上菜程序编写。

（4）按西餐格式编写。

（5）菜单书写规范。

2. 配分与评分标准

序号	考核内容	考核要点	配分	评分标准	扣分	得分
1	工作准备	①按规定着装，工作服整洁干净，佩戴标志 ②仪容仪表整洁大方	2	①未按要求着装扣1分 ②着装不整洁干净扣0.5分 ③未佩戴标志扣0.5分 ④本项最多扣2分		

（续上表）

序号	考核内容	考核要点	配分	评分标准	扣分	得分
2	菜单内容格式	①菜肴名称规范 ②西餐菜式齐全 ③特色菜肴安排适当 ④上菜顺序合理 ⑤菜肴数量适当	4	①菜肴名称不规范扣1分 ②菜式不齐全扣1.5分 ③特色菜肴安排不当扣0.5分 ④顺序颠倒扣0.5分 ⑤菜肴数量不当扣0.5分 ⑥本项最多扣4分		
3	菜肴质地	①原料多样、搭配合理 ②烹调方式多样、色泽协调 ③营养搭配科学合理	2	①原料重复扣0.5分 ②搭配不合理扣0.5分 ③烹调方式单调扣0.5分 ④不注意营养搭配扣0.5分 ⑤本项最多扣2分		
4	菜式特点	法式（美式）菜肴特点突出	3	①法式（美式）菜肴特点不明显扣1.5分 ②法式（美式）菜肴名称不具特色扣1.5分 ③本项最多扣3分		
5	菜肴价格	①菜肴单价合理 ②总价符合标准	4	①单价不合理加2分 ②总价超过或不足扣2分 ③本项最多扣4分		
	合计		15			

酒水服务技能

> **精练** 葡萄酒侍酒技能

一、红葡萄酒侍酒服务操作

1. 准备工作

准备好红酒篮，将一块干净的口布铺在红酒篮中；将红葡萄酒放在红酒篮里，酒标朝上；将味碟、6寸圆盘（盘内放开酒刀、开瓶器）拿到宾客餐具的右侧。

2. 示酒服务

右手拿起装有红葡萄酒的红酒篮，走到宾客座位的右侧；右手持红酒篮，左手轻托住红酒篮的底部，呈45°倾斜状态，商标朝上，请宾客看清酒的商标，进行鉴定认可，并询问宾客："请问现在能够为您开酒吗?"

3. 开酒服务

得到宾客允许后，将红葡萄酒立于红酒篮中，左手扶住酒瓶，右手用开酒刀割开瓶盖，并用清洁的口布将瓶口擦干净。接着将酒钻垂直钻入木塞，待酒钻完全钻入木塞后，轻轻拔出木塞，木塞出瓶时不应有声音。将木塞放入味碟中，呈横一字形，并摆放在宾客的红葡萄酒杯的右侧间距1—2 cm，请宾客做第二次鉴定。接着用清洁的口布擦抹瓶口。

4. 服务酒水

将打开的红葡萄酒瓶放回红酒篮中，商标朝上，同时用右手拿起红酒篮，从宾客右侧倒入1/5杯的红葡萄酒，请宾客品评酒质，进行第三次鉴定。宾客认可后，按先宾后主、女士优先的原则，依次为宾客倒酒，倒酒时站在宾客右侧，倒入杯中1/2即可。每倒完一杯酒要轻轻转动一下酒瓶，避免酒滴在桌布上。倒完后，把酒

开酒服务

瓶放在宾客餐具的右侧。

二、配分与评分标准

序号	考核内容	评分标准	配分	得分
1	准备工作	①准备好红酒篮，将一块干净的口布铺在红酒篮中 ②将红葡萄酒放在红酒篮里，酒标朝上 ③将味碟、6寸圆盘（盘内放开酒刀、开瓶器）拿到宾客餐具的右侧	10	
2	示酒服务	①右手拿起装有红葡萄酒的红酒篮，走到宾客座位的右侧 ②右手持红酒篮，左手轻托住红酒篮的底部，呈45°倾斜状态，商标朝上，请宾客看清酒的商标，进行鉴定认可，并询问宾客："请问现在能够为您开酒吗？"	20	
3	开酒服务	①在得到宾客允许后，将红葡萄酒立于红酒篮中，左手扶住酒瓶，右手用开酒刀割开瓶盖，并用清洁的口布将瓶口擦干净 ②接着将酒钻垂直钻入木塞，待酒钻完全钻入木塞后，轻轻拔出木塞，木塞出瓶时不应有声音 ③将木塞放入味碟中，呈横一字形，并摆放在宾客的红葡萄酒杯的右侧间距1—2cm，请宾客进行第二次鉴定。接着用清洁的口布擦抹瓶口	40	
4	服务酒水	①将打开的红葡萄酒瓶放回红酒篮，商标朝上，同时用右手拿起红酒篮，从宾客右侧倒入1/5杯的红葡萄酒，请宾客品评酒质，进行第三次鉴定 ②宾客认可后，按先宾后主、女士优先的原则，依次为宾客倒酒，倒酒时站在宾客右侧，倒入杯中1/2即可 ③每倒完一杯酒要轻轻转动一下酒瓶，避免酒滴在桌布上 ④倒完后，把酒瓶放在宾客餐具的右侧	25	
5	礼貌和仪容仪表	①操作时使用礼貌用语，普通话标准 ②操作时动作、神态自然，面带微笑 ③服装整洁，头发、妆面、指甲、饰物要符合要求	5	
合计			100	

说明：
①操作时间为5分钟，到时即停
②操作过程中出现摔瓶等情况，本项操作记零分
③可以根据服务特色和风格调整服务标准

三、白葡萄酒侍酒服务操作

1. 准备工作

把冰倒入冰桶里（1/3 桶的冰块、1/2 桶的水）；将白葡萄酒放入冰桶中，酒标朝上呈斜放状态；将条状口布搭放在冰桶上；将冰桶放在宾客的右后侧；将味碟、6 寸圆盘（盘内放开酒刀、开瓶器）拿到宾客餐具的右侧。

2. 示酒服务

将条状口布两端拉起至酒瓶商标以上部位，并使商标全部露出；站在宾客右侧，右手扶瓶颈，左手托瓶底，将白葡萄酒送至宾客面前，请宾客看清酒的商标，进行鉴定认可。

3. 开酒服务

得到宾客允许后，将酒瓶放回冰桶中，左手扶住酒瓶，右手用开酒刀割开瓶盖，并用清洁的口布将瓶口擦干净。接着将酒钻垂直钻入木塞，待酒钻完全钻入木塞后，轻轻拔出木塞，木塞出瓶时不应有声音。将木塞放入味碟中，呈横一字形，请宾客进行第二次鉴定。接着用清洁的口布擦抹瓶口。

4. 服务酒水

左手持折成块状的口布，右手握住酒瓶的下半部分，商标朝向宾客，从宾客右侧倒入1/5 杯的白葡萄酒，请宾客品评酒质，进行第三次鉴定。宾客认可后，按先宾后主、女士优先的原则，依次为宾客倒酒，倒酒时站在宾客右侧，倒入杯中1/3 即可（剩余2/3 的是要让酒有挥发的空间，以便闻香及品尝，如果白葡萄酒不够冰也会影响口感，故不宜倒太多）。每倒完一杯酒要轻轻转动酒瓶，并用口布擦拭瓶口，避免酒滴在桌布上。倒完后，把酒瓶放回冰桶中。

四、配分与评分标准

序号	考核内容	评分标准	配分	得分
1	准备工作	①把冰倒入冰桶里（1/3 桶的冰块、1/2 桶的水） ②将白葡萄酒放入冰桶，酒标朝上呈斜放状态 ③将条状口布搭放在冰桶上 ④将冰桶放在宾客的右后侧 ⑤将味碟、6 寸圆盘（盘内放开酒刀、开瓶器）拿到宾客餐具的右侧	10	

（续上表）

序号	考核内容	评分标准	配分	得分
2	示酒服务	①将条状口布两端拉起至酒瓶商标以上部位，并使商标全部露出 ②站在宾客右侧，右手扶瓶颈，左手托瓶底，将白葡萄酒送至宾客面前，请宾客看清酒的商标，进行鉴定认可	20	
3	开酒服务	①得到宾客允许后，将酒瓶放回冰桶中，左手扶住酒瓶，右手用开酒刀割开瓶盖，并用清洁的口布将瓶口擦干净。接着将酒钻垂直钻入木塞，待酒钻完全钻入木塞后，轻轻拔出木塞，木塞出瓶时不应有声音 ②将木塞放入味碟中，呈横一字形，请宾客进行第二次鉴定。接着用清洁的口布擦抹瓶口	40	
4	服务酒水	①左手持折成块状的口布，右手握住酒瓶的下半部分，商标朝向宾客，从宾客右侧倒入1/5杯的白葡萄酒，请宾客品评酒质，进行第三次鉴定 ②宾客认可后，按先宾后主、女士优先的原则，依次为宾客倒酒，倒酒时站在宾客右侧，倒入杯中1/3即可 ③每倒完一杯酒要轻轻转动一下酒瓶，并用口布擦拭瓶口，避免酒滴在桌布上 ④倒完后，把酒瓶放回冰桶中	25	
5	礼貌和仪容仪表	①操作时使用礼貌用语，普通话标准 ②操作时动作、神态自然，面带微笑 ③服装整洁，头发、妆面、指甲、饰物要符合要求	5	
合计			100	

说明：
①操作时间为5分钟，到时即停
②操作过程中出现摔瓶等情况，本项操作记零分
③可以根据服务特色和风格调整服务标准

高级餐厅服务员实操技能考核模拟试卷

高级餐厅服务员 （中餐服务） 操作技能考核试卷

考件编号：_____

注 意 事 项

一、木试卷依据2001年颁布的《餐厅服务员国家职业标准》命制。

二、本试卷试题如无特别注明，则为全国通用。

三、请考生仔细阅读试题的具体考核要求，并按要求完成操作或进行笔答、口答。

四、操作技能考核时要遵守考场纪律，服从考场管理人员指挥，以保证考核安全顺利进行。

[试题1] 创新型中餐宴会餐台插花。

1. 本题分值：15分

2. 考核时间：15分钟

3. 考核形式：实操

4. 具体考核要求

（1）根据宴会主题插摆宴会餐台插花。

（2）考生在规定时间内，独立完成中餐宴会餐台插花作品一件。

（3）根据宴会主题按照正确方法进行插花设计。

（4）作品效果要求：主花突出、花枝均匀、层次清楚、色彩协调。

（5）否定项说明（若考生发生下列情况之一，则考生该试题成绩记为零分）：

①插花作品与宴会主题不符。

②所选植物有毒、有害。

③违反民风、民俗与触犯禁忌。

[试题2] 选用中餐圆台，10人餐位，进行中高档中餐宴会摆台。

1. 本题分值：50分

2. 考核时间：20分钟

3. 考核形式：实操

4. 具体考核要求

（1）在规定时间内独立、规范地完成10人餐位中高档中餐宴会摆台。

（2）摆台前双手进行消毒。

（3）站在第二主人位处抖铺台布。

（4）铺设桌裙：将桌裙顺桌沿方向折扣向左顺时针铺设，用尼龙搭扣或桌裙夹固定在桌沿上，桌裙绷紧、拉直、围严，铺设桌裙不计入考核时间。

（5）摆放餐酒用具，用托盘按须序进行托摆。

①第一托：骨碟 10 个、勺垫 10 个、瓷勺 10 把。

②第二托：红酒杯 10 个、白酒杯 10 个。

③第三托：筷子架 10 个、筷子 12 双、公用碟 2 个、公用勺 2 把、牙签盅 2 个。

④第四托：水杯 10 个（已摆放好折叠成形的餐巾折花）、烟灰缸 5 个摆放在工作台上，根据宾客需求按规范摆放。

（6）餐巾折花：双手消毒，根据宴会主题折叠 10 种造型各异的餐巾折花，突出主花，要求有难度。

（7）围椅：从第一主人位处按顺时针方向依次摆放，双手端送，轻拿轻放。

（8）斟酒：从第一位客人开始，顺时针斟倒，先斟红酒，再斟白酒，酒斟 8 分满。

（9）操作完成，举手示意。

（10）摆放餐巾折花、名签。

（11）否定项说明：若考生操作严重失误、打翻托盘、打碎酒瓶，则应及时终止其考试，考生该试题成绩记为零分。

［试题 3］秋季某日，在本市××酒店中餐宴会厅，于先生为分别多年的同学相聚举行宴会，人数 30 人，订餐标准每位 120 元（酒水除外）。

1. 本题分值：15 分

2. 考核时间：10 分钟

3. 考核形式：笔试

4. 具体考核要求

（1）根据宴会主题编制菜单。

（2）注明菜单计算使用的毛利率，菜肴价格与毛利率相符。

（3）试卷为表格形式，要逐项填写。

（4）突出某一菜系的风味特点，标明所属菜系。

（5）在菜肴编制时要注意营养搭配均衡。

（6）上菜顺序正确，菜量适度。

（7）菜肴的品种与口味要搭配合理，突出季节性。

（8）菜单书写要规范，文字清楚、整洁。

（9）否定项说明（若考生发生下列情况之一，则考生该试题成绩记为零分）：

①菜肴品种搭配与比例严重失误。

②菜单编制不符合宾客的饮食习惯与口味特点。

③文字不清楚、不整洁、无法辨认。

菜单编制

姓名：＿＿＿＿＿＿＿

主办单位			主要客人国籍		用餐标准		人数		季节	
宴会时间	年　月　日　时		宴会地点		接洽人		桌数		毛利率（％）	
序号	菜品名称		规格	烹调方法		口味		色泽	单价	
1										
2										
3										
4										
5										
6										
7										
8										
9										
10										
……										
备注								合计		

高级餐厅服务员（中餐服务）操作技能考核评分记录表

考件编号：＿＿＿＿＿＿　　姓名：＿＿＿＿＿＿　　准考证号：＿＿＿＿＿＿　　单位：＿＿＿＿＿

总成绩表

序号	试题名称	配分	得分	权重	最后得分	备注
1	创新型中餐宴会餐台插花	15				
2	选用中餐圆台，10人餐位，进行中高档中餐宴会摆台	50				
3	秋季某日，在本市××酒店中餐宴会厅，于先生为分别多年的同学相聚举行宴会，人数30人，订餐标准每位120元（酒水除外）	15				
4	综合服务能力（自选1）	10				
5	综合服务能力（自选2）	10				
	合计	100				

统分人：　　　　　　　　　　　　　　　　　　　　年　　　月　　　日